江山如画
自然美

青少年审美素养丛书

总主编：赵伶俐　汪　宏
主　编：林笑夷　孙　怡　叶泽洲

西南大学出版社
国家一级出版社　全国百佳图书出版单位

图书在版编目（CIP）数据

江山如画：自然美 / 林笑夷, 孙怡, 叶泽洲主编. -- 重庆：西南师范大学出版社, 2019.6
（青少年审美素养丛书）
ISBN 978-7-5621-9378-4

Ⅰ.①江… Ⅱ.①林…②孙…③叶… Ⅲ.①青少年教育—审美教育 Ⅳ.① G40-014

中国版本图书馆 CIP 数据核字 (2018) 第 119970 号

青少年审美素养丛书
总主编：赵伶俐　汪　宏
策　划：郑持军　张燕妮

江山如画 —— 自然美
JIANSHANRUHUA ZIRAN MEI

主　编：林笑夷　孙　怡　叶泽洲

责任编辑：	郑持军　郑先俐
责任校对：	雷　兮
装帧设计：	张　晗
排　版：	重庆允在商务信息咨询有限公司
出版发行：	西南大学出版社（原西南师范大学出版社）
	地址：重庆市北碚区天生路 2 号
	邮编：400715
	市场营销部电话：023-68868624
印　刷：	重庆恒昌印务有限公司
成品尺寸：	170mm×240mm
印　张：	10.5
字　数：	157 千字
版　次：	2019 年 10 月　第 1 版
印　次：	2024 年 3 月　第 3 次印刷
书　号：	ISBN 978-7-5621-9378-4

定　价：32.00 元

丛书寄语

青少年朋友们，美，是一个多么令人身心愉悦、陶醉的字眼啊。但是，要能够在周而复始的、紧张的学习生活中，在看似平淡无奇的生活中，发现美，欣赏美，表现美，创造美，却是需要一生不断学习、积累和领悟的过程。新时期党和国家更强调美在培育人才、建设祖国中的重要地位，更加重视"以德树人、以美育人、以文化人，提高学生审美与人文素养"，赋予美以践行社会主义核心价值观、弘扬中华传统美育精神和坚定文化自信的重要内涵。

我们编写的这套"青少年审美素养丛书"就是以"美"为主线，从解释什么是美开始旅程，不断驻足，欣赏自然之美、艺术之美、科学之美、家庭之美……更重要的是，这套丛书的主要作者都只是比各位读者们大一点的研究生哥哥姐姐们，他们只是比你们先学习了一步而已。他们以自己对美的热烈向往、认真学习、深度理解，描述了在自然、社会、艺术、科学以及我们的日常生活中存在的各种各样的美，它们能丰富你的学习与生活，也能为你未来的成长和生活积蓄满满的正能量。

《美之奥妙——何为美》的主笔段禹，高大帅气，带领着写作小组的同学们，讲起美来娓娓动听；《江山如画——自然美》的主笔林笑夷，特别热爱自然，还有高超的摄影技术，她带领小组成员写作的成果，可以作为你与家人去旅游时的鉴赏手册；《智慧之源——科学美》的主笔叶泽洲哥哥，在光电科学的领域中探索，而后再以审美的眼光重新审视了自己所学的专业知识，并带领写作组的同学们一起为血肉丰满的科学之美而感动、而运笔；《缪斯之光——艺术美》的主笔胡敏楠，一个学美术的姐姐，在大学的学习中总是积极参与活动，投身边远地区的农村中小学，以美育实践进行教育扶贫；等等。还有《天伦乐事——家庭美》《向美而生——生活美》《和谐共鸣——社会美》都是以审美的眼光看待我们的日常生活，那些小人物、小瞬间、小感动，都是美的体现。若我们都能这样，无论在社会、家庭还是个人生活中总会更加幸福、快乐！

因为所有参与丛书编写的老师、同学们的共同努力，才有了这套丛书的诞生。你可以与他们取得联系，交流审美的心得、困惑与需求，成为朋友。而且，你还可以对任何一本书的任何一个部分提出意见，下次我们重印修改的时候，你的意见就十分重要了。因为美而结缘的朋友，人生一定会有别样的幸福！

西南师范大学出版社的郑持军编辑，以及每本书的编辑老师，为丛书的策划、立项、文本修改、配图等，付出了很多心力。还有叶泽洲，在书稿最后的修改中，做了大量实际工作。他敢于担当的奉献精神，一定会在今后的人生中赢得更多人的欣赏和尊重。让我们在此，真诚地感谢他们！

本套书预计出版7至9本，分别是《美之奥妙——何为美》《江山如画——自然美》《智慧之源——科学美》《缪斯之光——艺术美》《天伦乐事——家庭美》《向美而生——生活美》《和谐共鸣——社会美》……

读者朋友们，如果你有兴趣，请持续关注这套"青少年审美素养丛书"的出版情况。让我们一起持续阅读，持续感悟，持续进步！

赵伶俐、汪宏
西南大学教育学部美育研究中心
2019年3月23日

目录 Contents

前言

一 什么是自然美

1 自然美的含义 / 002
2 自然美的构成 / 003
3 如何欣赏自然美 / 011

二 天阶夜色凉如水，坐看牵牛织女星——宇宙之美

1 广袤浩瀚，渺小不小 / 018
2 宇宙之美欣赏 / 020
3 自然美的体验与创造 / 031

三 云青青兮欲雨，水澹澹兮生烟——云雾雨雪之美

1 水态生动，气象万千 / 036
2 云雾雨雪之美的魔变 / 037
3 自然美的体验与创造 / 054

四 天柱一峰擎日月，洞门千仞锁云雷——峰岩崖谷之美

1 峰岩崖谷，跌宕起伏 / 058
2 峰岩崖谷之美欣赏 / 064
3 自然美的体验与创造 / 074

五　黄河之水天上来，奔流到海不复回——江河湖海之美

　　1 动中有静，柔中带刚　/ 078
　　2 江河湖海之美欣赏　/ 084
　　3 自然美的体验与创造　/ 094

六　枝间新绿一重重，小蕾深藏数点红——花草树木之美

　　1 郁郁葱葱，万紫千红　/ 098
　　2 花草树木之美欣赏　/ 099
　　3 自然美的体验与创造　/ 114

七　海阔凭鱼跃，天高任鸟飞——虫鱼鸟兽之美

　　1 万物相伴，生生不息　/ 118
　　2 鱼虫鸟兽之美欣赏　/ 119
　　3 自然美的体验与创造　/ 138

八　看山如观画，游山如读史——自然美之旅

　　1 在旅行中体验自然美，你准备好了吗？　/ 142
　　2 一起旅行吧！　/ 147
　　3 自然美的体验与创造　/156

后记　/ 158

参考书目　/ 159

前言

  天地山川无处不美，晨昏晴雨无时不美。我们礼赞大漠秋风之壮美，也叹赏杏花春雨之优美，这幅多姿多彩的自然画卷，既有客观存在的形式属性，又有人们赋予的文化属性，我们惊叹的正是这呈现了自然景物本身的特性，但又不局限于其特性的造化神奇。欣赏大自然中形形色色的美景，揭开自然美的神秘面纱，引导青少年在学习之余，回归心灵、回归自然，潜移默化地接受自然美的熏陶，能够达到提高审美素质、汲取自然营养和积累精神财富的目的。

  为了让青少年小读者全方位地感受自然美，本书将美学原理以通俗易懂的语言融入特征鲜明的案例中，并从多个角度欣赏自然中不同的美：既有宏观的宇宙之美（话题二），也有微观的原子之美（话题二）；既有天象奇观（话题三），也有山光岚影（话题四）和水光掠影（话题五）之美；既有植物（话题六）之美，也有动物（话题七）之美。在分类欣赏各式各样的自然之美后，将与读者共同经历一次自然美之旅（话题八），一起感受大自然的千变万化和鬼斧神工。最后，衷心希望本书能够激发青少年朋友张开双臂去拥抱自然、感受自然、欣赏自然、保护自然，开启自然审美体验的新篇章。

本书编写组
2019 年 6 月

一

图 1-1　阿尔卑斯山

什么是自然美

从浩瀚无垠的银河系到舒适宜居的地球家园,从波澜壮阔的海洋到巍巍高耸的山峰,还有多姿多彩的动物和植物。大自然馈赠给我们数不尽的山石溶洞、烟岚云霞、飞泉流瀑、日月星辰,那些清净、质朴的自然景色可以使人感到放松,陶冶性情;雄伟、壮丽的自然景色,又可以使人感到崇高和敬畏,激励我们进取。"智者乐水,仁者乐山",忘情于山水,会使我们心灵涤荡,得到美的享受。

1　自然美的含义

　　自然美，是天然生成，和谐而奇异，而且令人身心愉悦的事物所显现的一种美，大至宇宙天体、日月星辰、高山巨川，小至花鸟鱼虫、飞禽走兽、微风拂柳，无不处处表现出自然之美。

　　自然事物所具备的色、形、声等属性，以及这些要素的组合，通常比较明确、清晰、具体、实在，能在刹那间给人以美的熏陶和享受，例如我们欣赏鲜花，一般是被它们的色彩、形态和鲜嫩欲滴的生机所感染，进而产生审美愉悦。再如出于自然造化之工的黄山的奇、华山的险、泰山的雄，都是自然美中形式要素的体现。这种直观形式时常让人感到心中充满了明朗的喜悦，就像夜空中的月亮和繁星，它们之所以常是诗人歌颂和赞美的景物，是因为它们的光亮使人在黑夜中看到了希望，在其形式中蕴藏了可以展开联想的内容，能够带来美的感受。

图1-2　花簇上的蜜蜂

图 1-3 各美其美：硬朗的山峰与娇艳的花朵交相辉映

2 自然美的构成

自然之所以美，在于自然物本身所具有的独特形式属性，即色彩、声音、线条、质地、能量等形式美的因素。但这只是一方面，尽管是非常重要的一方面。自然之美还美在人对自然物的映照和反照之中，人们通过赋予自然物一定的思想情感，使得自然美除了形式因素外，还有了更加丰富的内涵。这两个方面都是构成自然美非常重要的因素，二者缺一不可。

图 1-4 蜜蜂在花间采蜜

（1）自然美的形象构成

　　如果说社会美美在它的内容，那么自然美则是重在它的外在形象。形象不是构成自然美的全部因素，它能够被赋予的意蕴受到其形式的制约。一般来说，我们欣赏自然美的时候，通常先看到的是它的总体形态、空间形式等，即构成自然物的形状、线条、色彩、声响、质地、结构等形成自然美的必备条件。

　　而且自然中的色彩、线条、声音等因素，并不是单一地、孤立地、静止地铺陈，而是充满了变化发展，在运动变化中将平衡与对称、调和与对比、节奏与韵律不断地重新组合，从而把自然推向美的极致，既让人在静观中感受它的神奇，又在无穷的变化中领略它的千姿百态，给人带来巨大的审美愉悦。

图 1-5 柔软洁白的云飘荡在湛蓝的天空，微波荡漾的湖水中绘出苍翠茂密的树林

色

你凝视过"接天莲叶无穷碧,映日荷花别样红"的动人景致吗?那色彩的对比是何等的赏心悦目。你看到过一场大雨过后架在天边的彩虹吗?那是一座通向天国的桥,赤、橙、黄、绿、青、蓝、紫呈现出构成万物色彩的质地与面貌。马克思说过:"色彩的感觉是一般美感中最大众化的形式",它的感染力也相对较强,我们每个人天生就有对某种色彩的敏感和爱好。大自然中不同的颜色也会带来不同的美感,如白色是云和雾的颜色,给人缥缈、朦胧之感,孕育着和平与希望;蓝色是天空和海洋的颜色,给人宁静、开阔和凉爽的感觉;绿色是欣欣向荣的树叶、草原的颜色,因而使人产生生机、清新的感觉;最引人瞩目的色彩当属色泽艳丽的鲜花,它们是装点大自然的美丽衣裳。

图1-6 炫目的色彩

色彩与人的情感的一般联系

红——热情、激昂、愤怒、兴奋
橙——积极、活泼、温暖、兴奋
黄——明朗、欢乐、温暖、尊贵
绿——健康、生机、清新、朴实
蓝——平稳、优雅、真诚、凉爽
紫——富贵、神秘、忧郁、典雅
黑——严肃、稳健、庄重、静寂
白——洁净、单纯、和平、淳真

图 1-7　花朵柔美的轮廓线条

形

　　形是点、线、面、体多样组成的形态。"点"同其他部分相比，相对细小而集中，并且非常容易吸引我们的注意力，而不同风光中的点，也会带给我们不同的美感，例如支撑平衡石的点，具有集中的力感。"线"是点移动的轨迹，根据它们的位置和排列的不同，表现的形态也截然相反，你看那险峻山峰的线条通常是笔直且忽然转折，而花瓣大多由弧线组成，显得柔美娇嫩。不同的线条也会产生不同的美感，例如瀑布就像是由无数个连续的垂直排列的点汇成的实线，具有下垂感；绵绵细雨则是由无数方向一致的虚线组成，给人以若隐若现的柔和美感；鸟儿飞过天空、闪电划破天际的斜线或者弧线，具有动态美感；海天相接的水平线，具有宽广、豁达的美感。

图 1-8　闪电的轮廓线条

声

自然的声音同纯艺术的音乐有着本质区别，它源于自然中物体的律动，而后被我们的耳朵捕捉。惊涛拍岸、飞瀑落潭、清泉叮咚、雨水滴答、百鸟鸣唱、寂夜虫鸣、空谷传响、北风呼啸、林涛怒吼等，都是大自然的演奏家们带给我们的听觉盛宴，以其不同的声音展现出自然之美。自然凭借这些特有的声响，营造出风格独具的意境。当我们置身其中，仔细聆听各种各样的声音时，会体会到不同的美感，例如小溪潺潺、细雨淅沥等轻柔的声音犹如轻抚琴弦，会让人感到放松和愉悦。

质

质，或者说是材料，是我们能通过触觉去体会的因素。不同的质感会产生不同的心理感受，比如岩石的表面摸起来粗糙、坚硬，也因此才能抵挡住风霜和严寒，不禁让人心生敬畏；小动物的毛发摸起来柔软、稠密，让我们的心瞬间融化；再如天然形成的和田玉石质地细腻润泽、蚕丝轻柔飘逸，它们之所以让人爱不释手，实际上都是由它们的质地所决定的。

图 1-9 柔软的猫咪

图 1-10 邂逅的星系

运动

　　自然中的运动无处不在，大到浩瀚无垠的宇宙，小到翩翩起舞的蝴蝶。流星划过天际，打动我们的是突然而短暂的运动；江河奔流赴海，打动我们的是持久和生生不息的运动。还有飞瀑、烟岚、云雾，是它们的运动变化装点自然，带给我们美的体验。自然万物运动的动力有很多，风便是其中之一。风吹云动，行云时聚时散，不知是云飘还是山移，流云飘烟从山岚袅袅升起，翠峰叠嶂在轻纱中时隐时现，产生"山在虚无缥缈间"的意境。

结构

　　自然物本身有其内在结构，比如说英国的偶像石，它为何能仅凭一个并不居中的小小支撑点而屹立在此？这是因为它内在结构的平衡。虽然从外表上看这个支撑点位置偏移中心，但巧合的是刚好这一支点位于维持两侧平衡的重要位置，所以它既没有倾斜，也没有滚落，成为一幅大自然的杰作。

图 1-11　英国的偶像石终年屹立

008　江山如画——自然美

变化

　　大自然瞬息万变，自然景物在不同环境、不同条件下，其美的程度、美的表现各不相同，即便是同一景物，也可能呈现出完全不同的两种面貌。北宋的山水画家郭熙在《林泉高致·山水训》中如是说："真山水之烟岚，四时不同：春山澹冶而如笑，夏山苍翠而如滴，秋山明净而如妆，冬山惨淡而如睡。"由此可见，同一座山在四时都如此不同，那世间万物自然就更富于多变。同时，自然美又很少是孤立隔绝的单一美，大多是相互映衬和比照下的大美之美，相辅相成。因此说自然美具有多变性的特征，实际上是指它易受到诸多方面的影响，比如说气候、时令和生息更替等自然界的内在规律，以及受到人们在面对自然事物时视角和情感态度等因素的影响。唐代诗人王维在《山水论》中写道："早景则千山欲晓，雾霭微微，朦胧残月，气色昏迷。晚景则山衔红日，帆卷江渚，路行人急，半掩柴扉。"这便是在说早、晚景色的变换。

图 1-12　四季变换

（2）自然美的意象构成

在我们人类出现以前，自然界已经存在，但是阳光、朝霞、月色、山水等，并不会被看成是自然美的事物。要让它们成为审美对象，需要通过我们在审美实践中将自己的思想、情感、意志、智慧等熔铸和凝结于自然物之中，有意识地去赋予它们丰富的价值内涵，使自然的属性与人的思想和谐统一，形成某种人生意义或暗示。春秋时期齐国政治家管仲曾经说过"人与天调，然后天地之美生"，这句话便概括出了自然美的事物不单凭借它的自然属性，还需要我们从内心去发现和感受。自然美也正因为人们进行的想象，突破了空间和时间上的局限和阻隔。就像皎洁月光落在诗人李白的窗前，虽是他赋予了月光乡愁，却勾起了多少游子怀乡的无限深情。再如荷花的"出淤泥而不染，濯清涟而不妖"，也是我们在孩提时代就已熟读于心的诗句，充满美的意象。

中国儒家思想中的"比德"，就是以自然景物的某些特征来比附、象征人的道德情操。例如竹之美，既美在它外形挺拔、修长，能够抗严寒、斗傲雪而四季常青，更美在它象征着坚忍不拔的品质和虚怀若谷的品格。中国古代文人墨客也常把竹子的生长特征赋予人格化的高雅、纯洁、虚心、有节、刚直等精神文化象征，北宋文学家苏轼诗中更是说道："可使食无肉，不可居无竹"，可见他对竹子的喜爱和赞美。所以自然美不仅仅是从自然中来，也从我们的目光中来，更从我们的心灵中来。正如哲学家黑格尔所说，自然美是心灵美的反映，这也是自然美被发现、深化的过程。自然正因如此更具审美价值，也更有审美意味。

图 1-13　翠竹

3　如何欣赏自然美

同样是欣赏自然美，收获却因人而异，除了欣赏者本身的生理、心理因素外，还有一个重要的原因，便是欣赏方法的差异。通常来说，在欣赏大自然的奇妙景色时，我们要注意是选择动态欣赏、静态欣赏，还是以动静结合的方式欣赏，同时要把握好适宜的欣赏时机、距离和角度，最好是能够结合实际生活中的诗词、典故、神话、传说，以获得更为丰富的审美体验。

（1）选择动静结合的方式欣赏

动态欣赏是指通过步行或乘坐某种交通工具欣赏自然美。"朝辞白帝彩云间，千里江陵一日还。两岸猿声啼不住，轻舟已过万重山。"这首诗就很好地为我们诠释了动态欣赏。诗中所描绘的山峰挺拔、猿声灵动，都是诗人在乘坐轻舟时所看到、听到的，是他在动态欣赏的过程中所发现的。如果没有这一叶轻舟，诗人也就无法在这么短的时间内，观察到从白帝到江陵这段江水两岸景

图1-14　选择乘船欣赏美景

色的变换。时至今天，我们能选择乘坐的已经不止有马匹、船舶，还有汽车、火车、飞机等，都是可供我们动态欣赏的交通工具。静态欣赏是指相对固定地站在某个位置上欣赏自然美。有时我们在审美实践活动中，对某一景观欣赏过快，如"走马观花"，就不易发现其中的细节之美、奥妙所在。

（2）选择欣赏时机

欣赏时机的不同，亦会产生不同的欣赏体验。例如"春英夏荫，秋毛冬骨"是四季植物的特征；"春绿、夏碧、秋青、冬黑"是四季池水的特征，我们在四季所看到的景色是有差别和季节特点的，所以选择的欣赏时机不同，欣赏到的美景也不相一致，欧阳修笔下的"四时之景不同，而乐亦无穷也"就是这个道理。此外，一些自然美的事物只在某个特定时间出现，比如欣赏黄河壶口瀑布，它的壮观在于此处黄河的河床由宽变窄，河水被夹在壶口般的地形中，然后跌入足有三十米深的深槽，在丰水期和枯水期，壮观之美又有各自不同的韵味。此外，观看日出或日落，也需要注意选择欣赏时机，应提前查阅相关资料确定日出和日落的具体时间。如果没有在计划的时间内到达最佳观赏地点，可能就因此错过了最美丽的风景。

图 1-15　欣赏日落

（3）选择欣赏距离

欣赏距离主要有两种，一种是空间距离，另一种则是心理距离。对把握欣赏的空间距离，北宋山水画家郭熙可谓颇有研究，他在《山水训》中提到观山时，"远数里看又如此，远十数里看又如此，每远每异"，不同欣赏距离，所观之景也不同。同样，当我们远距离看一片树林，很可能会忽略了树林深处的悠悠鸟鸣，甚至不知正有一只憨态可爱的小松鼠站在树杈上觅食野果呢。

图 1-16 近观林间松鼠

除了在欣赏时有空间距离的差异，心理距离也会影响我们体会自然事物的美，对眼前的事物认识得越多，心理距离也越近。但由于过于熟知，很可能会因为心理距离太近，纵然有千般美景也会感受不到其中的美。因此要掌握好心理距离和空间距离的度，才能获得最佳的审美感受。

（4）选择欣赏角度

"横看成岭侧成峰，远近高低各不同"，选择不同的角度去欣赏同一美景，也会产生不同的审美效果。从视觉欣赏的角度看，可以分为平视、仰视和俯视。

图 1-17 远观茂密树林

一　什么是自然美

图 1-18 俯瞰森林

所谓平视就是视线水平地向前方延伸，这种角度适合欣赏相对开阔的景色，如站在太湖边眺望烟波浩渺的水面时，可以用平视的角度观赏到"白浪茫茫与海连，平沙浩浩四无边"的旷美；仰视就是视线从低处开始逐渐向高处延伸，这种角度适合欣赏雄伟的景色，达到高远的审美效果；俯视和仰视相反，是视线从高处向低处延伸，可以通过站在高处或者乘坐缆车、飞机实现。例如站在一片森林之中仰望树木，与乘坐直升机俯瞰森林所带来的美感是不同的。在森林中，你可能不经意间被一棵枝丫奇特的树所吸引，抬头顺着树干的方向、阳光洒下来的方向看过去，向四周放射状生长的树枝清晰可见，不禁思索那旁逸斜出的枝杈是怎么长出来的。但当你从一定的高度向下俯视这连片的翠绿，茂密且充实，则又是另一种赏心悦目的美。

图 1-19 仰望参天大树

（5）联系实际生活

欣赏自然风光的明媚旖旎和斑斓色彩，除了要懂得上述方法外，还要有一定的知识储备和积累，要善于把自然同相关的诗词、典故、神话、传说结合起来，联系到我们的实际生活中，这样我们和各种美景相遇的时候才会有知音之感。

如果有幸能登临泰山，你会发现它并非至高，但何以"五岳独尊"？如果你在此之前品读过杜甫"会当凌绝顶，一览众山小"的诗句，如果了解历史上帝王登基后多来此地举行封禅大典，祭天拜地，以求社稷繁荣、百姓安康，再去登泰山之巅，眺望齐鲁大地，观旭日东升、晚霞夕照、黄河金带、云海玉盘时，也就不难体会泰山的雄奇之处在哪里了。当你的知识积累与眼前的美景交相辉映，也就会对"重于泰山"这四个字有更深切的理解，感悟到君子为人的胸怀坦荡、铮铮铁骨和浩然正气。

试问谁不迷恋自然美的风姿？谁不想寻着前人的脚步去领略名山大川？那西湖的粼粼波光，那大兴安岭中起伏的松涛，它们能给人带来多少美妙的体验，又能激起人们多少绮丽幻想啊！既然我们已经了解什么是自然美，那么就跟随本书一起投入大自然的怀抱吧！同大自然亲密接触，真切地体会它的美，这将是世间最美妙的一瞬！

图 1-20 登高远眺

二

图 2-1 旋涡星系 NGC1566
图片来源：ESA / Hubble & NASA，致谢：Flickr user Det58

天阶夜色凉如水，坐看牵牛织女星
——宇宙之美

何为宇宙？"往古来今谓之宙，四方上下谓之宇"，宇宙不仅是指无边无际的空间，还指无始无终的时间，它是所有时间、空间、物质的总和，万事万物都在其中。宇宙的美，永远是那么让人着迷，吸引着一代又一代的人们不断探索。假如我们是浩瀚宇宙中的旅行者，那么从地球家园出发，最先拜访的便是月球和太阳系中的伙伴们，而最远将到达何处，连我们自己也不知道，因为即便是用最先进的设备，我们的视线也无法到达宇宙的尽头。这是一场探索未知的冒险之旅，你准备好了吗？

1　广袤浩瀚，渺小不小

　　到浩瀚的宇宙中旅行是人类自古就有的美好愿望，苏联的尤里·阿列克谢耶维奇·加加林是世界上第一位环绕地球进行太空飞行的航天员，也是第一位从宇宙中看到地球全貌的人。杨利伟是中国进入太空的第一人，他于2003年10月15日北京时间9时，乘坐由长征二号F火箭运载的神舟五号飞船进入太空；另外一位航天英雄翟志刚在神舟七号飞行任务中，担任飞船指令长，是第一位出舱活动的中国人。现在我们就追随着他们的脚步，一同去看看浩瀚璀璨的神秘太空，究竟是怎样的迷人。

尤里·阿列克谢耶维奇·加加林（1934-1968）
　　1961年4月12日，他乘坐东方1号宇宙飞船绕地球一周，历时1小时48分钟，完成了世界上首次载人宇宙飞行，实现了人类进入太空的愿望。

杨利伟（1965- ）
　　2003年10月15日，杨利伟乘神舟五号飞船进入太空，是中国进入太空的第一人，象征着中国太空事业向前迈进一大步。他获得了"航天英雄"的称号，小行星21064也以他的名字命名。

图 2-2 闪耀星光

　　宇宙以及周围的一切究竟从何而来？这是我们人类自古以来就在思考的问题。在遥远的过去，古人通过编织浪漫的神话故事来回答：传说远古时代宇宙一片混沌，没有天地。祖先盘古经过一万八千年的不懈努力，将天地一分为二，清又轻的冉冉升起为天，混而重的沉沉下降为地。他的呼吸成风、声音成雷，高兴时天空晴朗，愤怒时大雨倾盆。在他死后，身躯和血液化为山川，眼睛便是太阳和月亮。

　　如今我们早已懂得，这多姿多彩的世界，是其自身运动变化的结果，而且宇宙的空间远不止我们眼前看到的这些，它的广袤超出想象。那如果不是盘古的身躯，宇宙中的万物究竟是由什么组成的呢？答案是微观粒子。它们是能以自由状态存在的最小的物质，大到整个宇宙，小到海边的一颗沙砾，皆是由它们组成。下面就让我们一起走进这个由无限渺小的微粒组成的无限大的宇宙世界。

二　天阶夜色凉如水，坐看牵牛织女星

2 宇宙之美欣赏

无限大和无限小——测绘宇宙

**当我们在探索更远处的宇宙空间时，
我们也在追溯时光、回忆过去。**

如果把宇宙看成是海洋，那么处于银河系中的地球就是沙滩上的一个小小沙砾。在宇宙的汪洋大海中，有无数个像银河系一样的岛屿和无数个像地球一样的沙砾。宇宙空间中有几十亿个星系，它们的运动方式不同，形状也各不相同。除了拖着旋臂旋转的旋涡星系，还有呈圆球形或椭圆球形的椭圆星系，它们占到所有星系的一半以上。此外还有一些既没有旋涡，也没有对称结构的不规则星系。

在无数的星系中，离我们最近的就是仙女星系，也是肉眼能看见的最远的天体。大约在30亿年之后，仙女星系和我们的银河系将在宇宙中上演"引力舞蹈"，最终汇聚成一个超级星系。星系并不孤单，它们也成群而居，组成庞大的星系团。在我们到达的目前能够测绘的最远处，这里单个的星系已经不见了，它们被更庞大的由星系团组成的超星系团所取代，其中至少有数十万个星系，数千万亿颗恒星。

其实，宇宙远比我们想象的要大得多，它既没有中心，也没有边缘，十分浩瀚。而且宇宙还在不断地加速膨胀，看似本就遥远的星系，还在不断地远离我们。事实上每个星系都在彼此分离，就像是烘焙面包时，随着面包不断膨胀，原本堆在一起的葡萄干会逐渐分离一样。

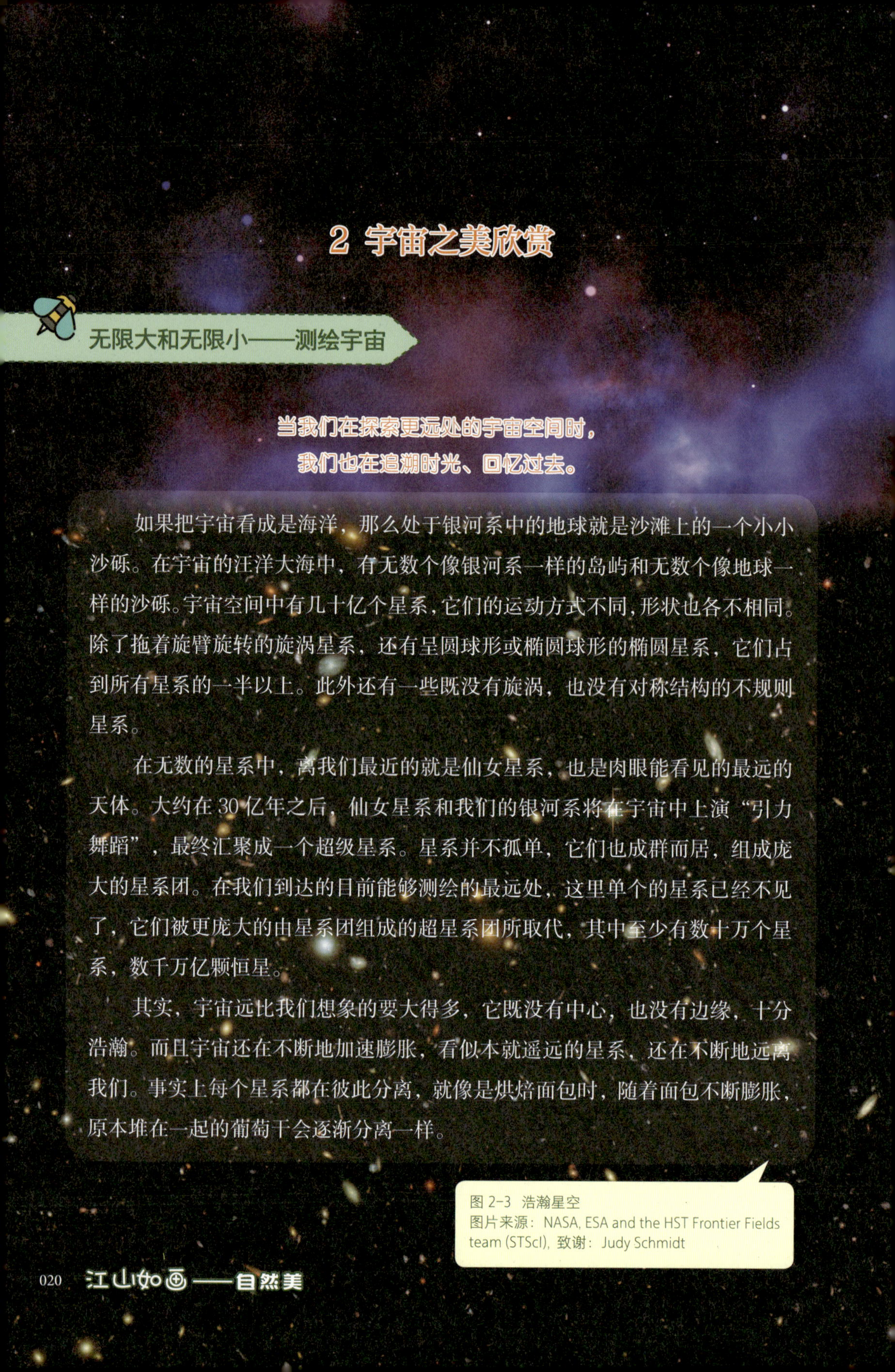

图 2-3 浩瀚星空
图片来源：NASA, ESA and the HST Frontier Fields team (STScI), 致谢：Judy Schmidt

图 2-4　中微子模拟图

图 2-5　普朗克粒子模拟图

　　然而这璀璨又黑暗的神秘宇宙并非一片空白，哪怕是火柴盒大小的空间，也布满了奇特的粒子，仿佛是无限缩小的宇宙。例如上面图片中的中微子、普朗克等粒子，简直小到我们无法想象，就像宇宙大到我们无法想象一样，不禁让人感叹微观世界如此奇妙。在宇宙中一些奇特的粒子非常难以捉摸，例如科学家们直到近期才检测到的中微子。中微子是宇宙中的幽灵粒子，几乎没有质量，速度接近光速，穿过物质时也毫发无损。太阳核聚变产生大量的中微子，这些幽灵般的粒子大多数会穿过地球，极少数会被中微子望远镜检测到。活泼的中微子可以径直穿过恒星的外层，洞察内核，它们可以帮助我们到达我们去不了的地方，更好地了解地球，甚至实现探索其他星球的愿望。

二　天阶夜色凉如水，坐看牵牛织女星

要知道我们在宇宙中的位置并无特殊之处，即便整个银河系只是宇宙中的一个岛屿，但它仍然非常庞大和璀璨。

图 2-6　璀璨宇宙
图片来源：NASA, ESA, A. Riess (STScI/JHU)

美丽的旋涡——银河系

月朗星稀的夏夜，我们在地球上某些空气稀薄的高海拔地区抬头仰望时，会发现有一条在天空中闪闪发光的银色光带，从东北向西南方向延伸开来，这条银色的光带便是我们常说的银河。太阳系位于银河系的边缘，所以我们能够看到的银河只是银河系的一部分，真正的银河系是无比庞大的巨型旋涡恒星星系。

旋涡星系是宇宙中一道独特的美丽风景，也是最容易辨认的，通常是由隆起的球形核心和周围向外延伸缠卷着的旋臂组成，每条旋臂都是由恒星描绘而出，看起来像是一个白玉盘中间放置了一颗发光的夜明珠。银河系就是一个典型的旋涡星系，它一直处于自转的状态中，从正面看银河系，它就好像是急流中的一个旋涡；从侧面看银河系，它的中央核球是最亮的区域，四个旋臂

图 2-7　银河系

组成一个扁平的圆盘。与其他旋涡星系一样，银河系的银盘也有着偏蓝的色彩，较年轻的恒星占据星系的旋臂与星系盘区域，给这里染上了特别的蓝色调。而年长的恒星随着时间的推移颜色变黄，它们集中在中央核心处，那里的藏宝库中有一些红色恒星，都是银河系最古老的恒星。银河系看上去朦朦胧胧，是因为宇宙中存在着许多运动着的物质，包括星际气体、星际云、尘埃等等，它们就像是空气中的灰尘，分布极不均匀，充当着唯美星云与星际介质的背景灯。星云也是宇宙中颜色最为丰富之处，为银河系的旋臂镀上充满生机的色彩。

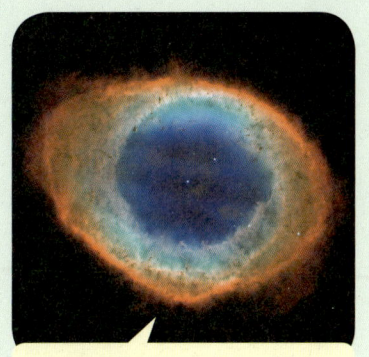

图 2-8　环形星云
图片来源：NASA, ESA, and the Hubble Heritage (STScI / AURA)– ESA / Hubble Collaboration

　　银河系4000亿恒星居民中，有不少是两颗恒星相互吸引、互相围绕着结伴而行，比如天狼星就有自己情投意合的"天然伴侣"，它们像是跳双人舞一样，一边相互围绕旋转，一边前进。还有一些天体则是人们在神话或传说中将它们联系起来，例如著名的"牛郎星"和"织女星"。织女星位于银河西岸的天琴座中，银白的牛郎星与织女星隔着银河相望。在织女星旁，有四颗稍微暗一些的星星组成一个小菱形，传说这是织女的梭子，她一边织布，一边深情地望着银河对面的丈夫和两个儿子，热切期待着每年七月初七在鹊桥相会的那一天。

图 2-9　在地球上看银河

二　天阶夜色凉如水，坐看牵牛织女星　023

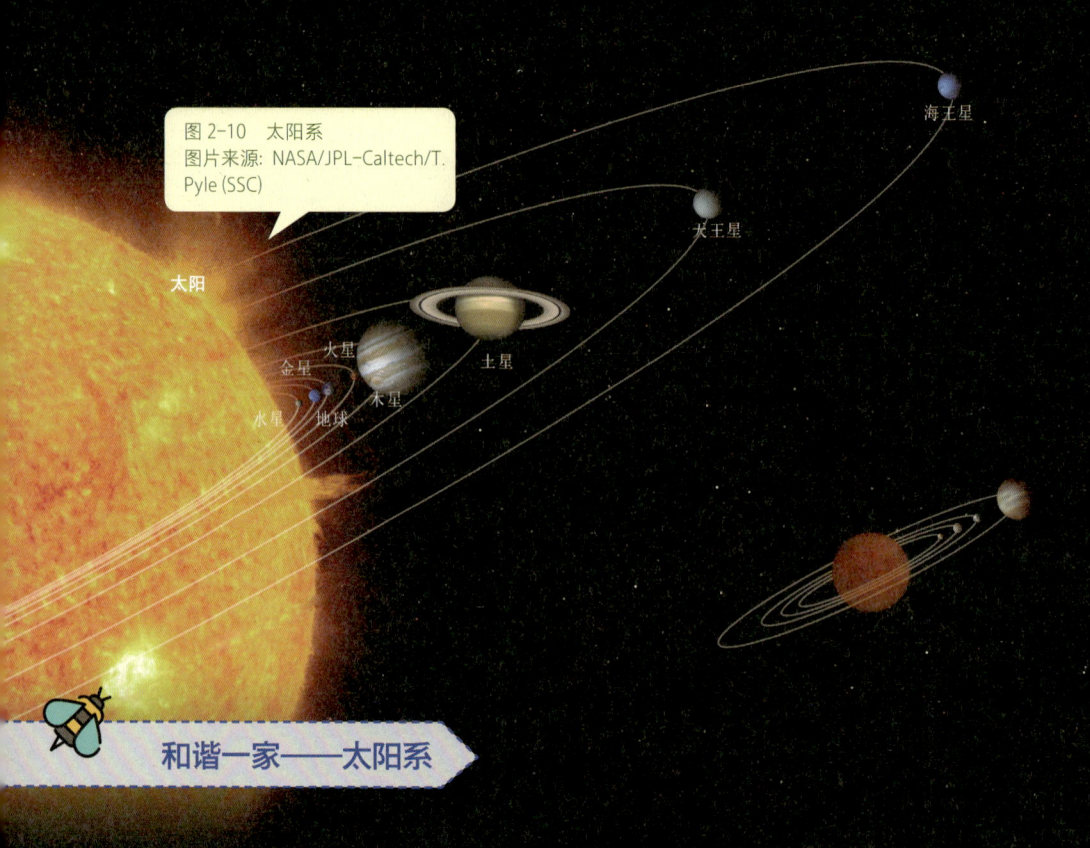

图 2-10 太阳系
图片来源：NASA/JPL-Caltech/T. Pyle (SSC)

海王星
天王星
太阳
土星
火星
金星 木星
水星 地球

和谐一家——太阳系

我们所处的大家庭——太阳系像是一个宇宙的实验室，有着数百个不同类型、多样化的天体世界，巨大的、微小的、酷热的、极寒的，有比我们更靠近太阳的天体，也有更多的天体在比我们离太阳还要远得多的轨道上运行。它们都是我们在太阳系中的家庭成员。

太阳系向我们讲述着一个从混沌走向秩序的故事，故事的"导演"是万有引力，主人公太阳统治着如此庞大的帝国，每颗星球都如钟表般有规律地沿着一定的轨道围绕着太阳旋转，它们都有自己独特的节奏。太阳系就这样有条不紊地运行着，这种有序似乎是天然形成的。偶尔有彗星和流星横冲直撞，离开轨道，但也在太阳的控制之中。诗人奥斯卡·王尔德说："力的线条也是美的线条。"整个太阳系在太空中旋转，包括太阳本身，它像用无形的绳子，拉着其他的天体一同旋转，像是宇宙中的芭蕾。像这样的螺旋旋转在整个宇宙中普遍存在，哪怕是小到水槽中正在螺旋下沉的水，都在划出优美的弧线。这样巨大的强有力的美，会让人感受到一种发自内心的震撼。

图 2-11 炽热的太阳

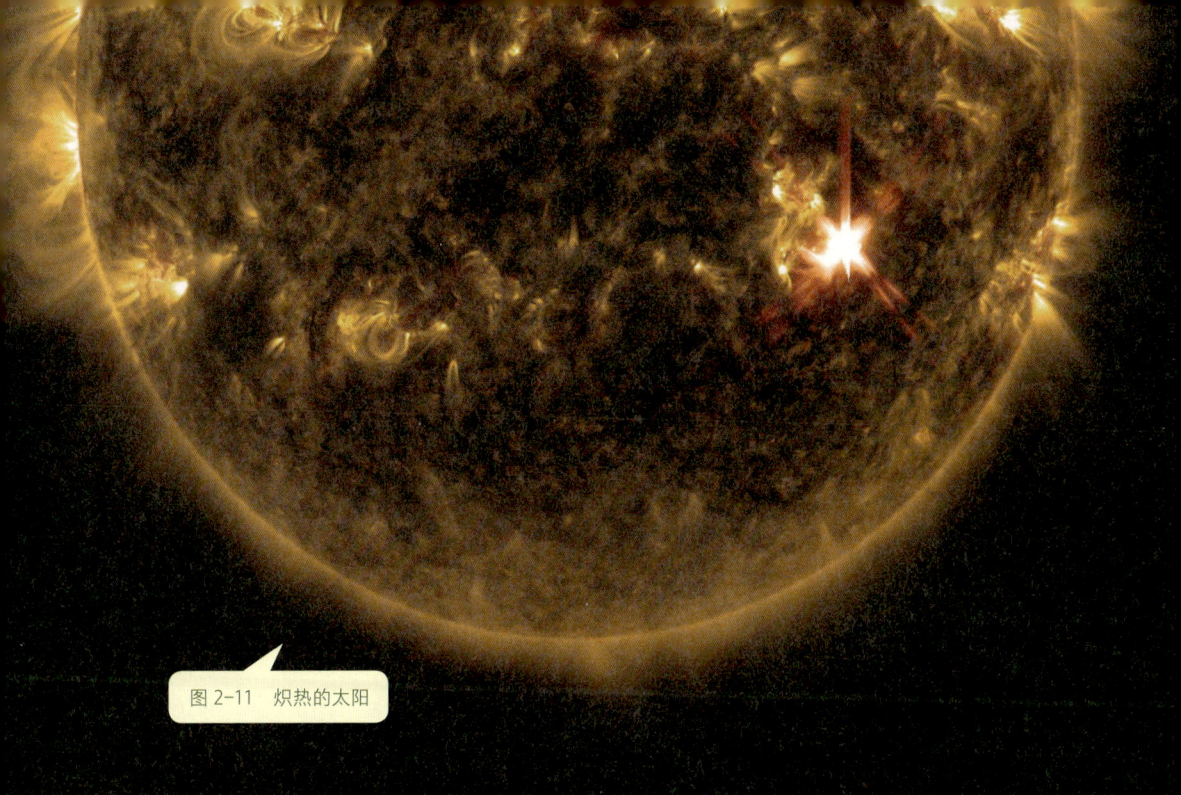

若说太阳系中最为独特的，那一定是位于复杂却又迷人的中心位置的太阳，它是整个太阳系能量及动力的源泉，也是银河系数千亿颗恒星中的一员，但它对于我们来说就是一切，没有它就没有地球上的众生。在很久之前，人们以为地球是宇宙的中心，太阳是围绕着地球在旋转，直到 16 世纪哥白尼告诉我们地球是绕着太阳运行，而太阳也是宇宙中无数恒星之一，只不过是离我们最近的恒星。即便如此，它仍然是整个太阳系中最奇特的地方，是一个炽热到我们永远无法造访的星球。

二 天阶夜色凉如水，坐看牵牛织女星

图 2-12 木星
图片来源：X-ray: NASA/CXC/UCL/W.Dunn et al, Optical: NASA/STSc

在太阳系中，并非每个星球都像地球一样五彩缤纷，但也有着它们属于自己的颜色。例如金星就是一个大小和质量都与地球相近的土黄色行星，如果站在金星上抬头仰望，天空将是铮亮的锈黄色，并且太阳是西升东落；火星也叫"红色行星"，呈红色，荧光像火，因此我国古书上将火星称为"荧惑"，五行中象征着火，但是奇怪的是在火星上看到的夕阳并不会比在地球上更红，反而会偏蓝色一些；作为太阳系行星中最大的木星，它最引人注目的特征是庞大的身躯以及多彩的条带状大气，那环绕着的多条彩带，看起来像是一幅天然的水彩画，点缀着著名的"大红斑"。此外，在太阳系中还有与我们颜色相近的天王星和海王星，后者的色彩比前者更蓝一些，看起来都像是漂亮的冰蓝色珍宝。

图 2-13 金星的表面

图 2-14 土星

图 2-15 土星环紫外图
图片来源：NASA/JPL/University of Colorado

　　仔细观察不难发现，太阳系中外形最为特别的应该是土星。自从开始凝视星空，人类就察觉到了外形独特的土星。它看起来是一颗美丽且明亮的黄色"奶油行星"，并且有着一个太阳系的奇迹——土星环。土星环是太空后花园里的一道亮丽风景，很难想象如此复杂、对称的体系是自然产生的。这个漂亮的光环由无数狭窄的小环组成，看上去就像是老式留声机唱片上的凹槽。而这些小环又是由冰雪和岩石块组成的，有的像灰尘一样渺小，有的如房子一样大。上面这张紫外图像展示了土星光环的细节，蓝色和蓝绿色是冰质颗粒，红色则是混有矿物成分的冰。

　　天体的命名通常是其本身突出属性和世界经典传统文化的完美结合，为这广袤而又陌生的宇宙增添了许多浪漫色彩。在西方，行星都依据古希腊或罗马神话中神的名字来命名，像是以罗马神话中爱与美的女神的名字维纳斯命名金星，以罗马战神的名字马尔斯命名火星。此外，月球的环形山以伟大的天文学家的名字命名、水星环形火山都以伟大艺术家的名字而命名，以表达对那些曾经为人类做出杰出贡献者的尊敬。太阳系中除了八大行星之外，还存在着上百万颗小行星，它们在宇宙中小得微不足道，但每颗小行星的命名都意义非凡。在目前已经命名的小行星中，有的是以重要历史事件命名，有的是以发现者或是历史名人的名字来命名，也许你正抬头望着的那颗就是以"中国""北京"或"2008北京奥运"命名的小行星。

二　天阶夜色凉如水，坐看牵牛织女星

图 2-16 月球表面

我们的近邻月球

太阳系中离我们最近的天体是哪一个呢？那便是我们的"近邻"——月球，月球也是地球唯一的天然卫星，一直充当着我们在太空中最亲密的伴侣，与地球共同在太空中划出优美的华尔兹舞步。通过仔细观察可以发现，月球上有很多大小不一的环形山，一般呈圆形，四周耸立着高高的岩壁。最大的环形山，可以容下整个海南岛，而最深的牛顿环形山，刚好可以把珠穆朗玛峰倒扣进去。

阿姆斯特朗（1930—2012）

1969 年 7 月 21 日，作为阿波罗 11 号的指挥官，美国宇航员阿姆斯特朗成为第一个踏上月球这片土地的人，这是一个人的一小步，却是人类的一大步，标志着人类首次到达了地球以外的世界。

在地球上仰望夜空，最吸引人的就是那皎洁的明月，月亮也因此被赋予了更丰富的情感。月亮在中国文化中的象征意义十分丰富，它既是高高挂在天际的一幅优美图画，带给人以高远、润洁、柔和、清幽、纯净的美感，同时又是可以贮藏和寄托人类情感的符号。如《春江花月夜》一诗中，月亮意象的出现，使得全诗的意境立刻变得优美起来，这里的"月"是诗中情景兼融之物，它在全诗中犹如一条纽带，贯穿上下，触景生情。在月的照耀下，江水、沙滩、天空、原野、枫树、花林、飞霜、白云、扁舟、高楼、镜台、砧石、长飞的鸿雁、潜跃的鱼龙，不眠的思妇以及漂泊的游子，组成了完整的诗歌形象，构成一幅充满人生哲理与生活情趣的中国水墨画，体现出春江花月夜清幽的意境美。

十分有趣的是，对月亮的礼赞与讴歌似乎是全人类的共性，尤其是当人们意识到自然界中的潮涨潮落、行云布雨、植物盛衰等等都与月亮有关时，更把这份文化积淀加深了许多。许多民族将月亮视为至高无上之神，许多神话中将月亮作为生命、爱情、幸福、团圆的象征，例如将月亮认作太阳之妻，满天繁星则是它们的子女。月亮的属性自然也承载得起这些丰富的情感。尽管我们看到月球上并没有生命，也没有传说中的"嫦娥"和"玉兔"，但它依旧拥有柔美洁白的清光，依旧拥有阴晴圆缺的月相变化，依旧能勾起我们的万千思绪。月之美，正是美在了人的情感与其本身的物质属性的和谐统一上。

图 2-17 月与团圆

二 天阶夜色凉如水，坐看牵牛织女星

图 2-18 地球的弧线

唯一的家园——地球

自我们人类诞生以来，就没有停止过认识地球、探索宇宙的脚步。现在我们已经知道，太空中的星星不仅仅是我们看到的一个点，它也许是一颗我们熟悉的恒星，也许是一个遥远的星系，有着无限的可能。宇宙是如此的广袤，我们居住的行星只是太阳系数亿天体中的一个，我们的太阳系又是浩瀚宇宙数以万亿星系中的一个。但是从地球的近邻到遥远的太阳系边界，在人类探索过的每一个行星及卫星上，我们所遇到的都是非常极端的环境，有我们已知的最冷和最热之处，以及强力的风暴。人们不禁感叹，在这样的不毛之域，竟然存在着一个这样独一无二的"绿洲"——地球。它作为一颗"宜居行星"，是已知唯一存在着生命的世界。完美的苍穹便是保护着我们的一个纤弱的巨大屋顶，正是它使地球成为一个复杂而令人惊异的地方，它像一条毯子把太阳的热量留在地球上，达到一个完美的平衡，既不会热得将水蒸发掉，也不会冷得到处结冰。

图 2-19 地球家园

从太空遥望地球，它就像一颗蓝色的宝石，度过风雨春秋，历经沧海桑田，演绎了不朽的传奇，但仍然有许多谜底尚未解开，隐藏着太多奥秘等我们去探索，所以本书中接下来的内容，是在我们返回地球之后，一起来探索发现地球家园的自然之美。

图 2-20　斗转星移，摄影师拍摄的同心圆星迹

3　自然美的体验与创造

审美体验

　　古代的自然哲学家和天文学家，时常静静地仰望夜空，思考着造物主为何将它们放于那处。那漫天繁星挂在苍穹犹如宝石般闪着光芒，在不同季节的位置是不一样的，甚至在一夜中的不同时刻也在一直移动。他们一边对着浩瀚的星空冥想，一边把想象力发挥到极致，将相邻的星星组合成我们熟悉的形象，命名为星座，这便是对自然美的一种加工。比如人马座是以古希腊神话中的半人马兽正在发射一支箭的形象命名；天鹅座就像一只展开双翼的巨鸟，从邻近的蝎虎座飞来；天琴座描绘的则是古代竖琴"里拉琴"的形象。星座就像是星星的家，它们镶嵌在夜空中，点缀出繁华而美丽的天上街市。

　　现在，我们站在巨人的肩膀上，可以通过现代科技将观测到的星座以图片的方式保存成册，可以说是对自然美的再加工。那么如果我们也想观测星空并

图2-21 观星软件截图

记录下来，需要注意什么呢？首先，准备好必要的观测工具，包括移动设备上的观星应用软件，这会更方便我们寻找观测目标。其次，要留意天气情况和选择最佳的观测地点，应避开城市灯光较为密集的地方。

提前查好资料也是必不可少的工作。例如我们要观测北斗七星，在阅读了相关资料后我们知道了在晴朗的夜晚，北方天空很容易发现七颗构成勺子图形的星星，这便是经常说到的北斗七星。它们的中文名字分别是天枢、天璇、天玑、天权、玉衡、开阳和摇光。前四颗连起来的形状像一个斗勺，所以叫它们斗魁；后三颗连起来是斗勺的柄，所以叫斗柄。它们之中最亮的一颗是玉衡，最暗的一颗是天权。季节不同，北斗七星在天空中的位置也不同，我国古代就有根据北极星和北斗七星的斗杓"斗柄东指，天下皆春；斗柄南指，天下皆夏；斗柄西指，天下皆秋；斗柄北指，天下皆冬"的运转规律，来确定方位，北斗七星也就成了漂泊在茫茫大海上的船员和迷途荒漠的探险者的指南针。

最后，在有条件的情况下，将观察到的星空拍摄下来。如果拍摄效果不佳，可以通过使用观星软件，将观测的对象截图保存，整理成册，也可以自己动手动笔制作观察笔记哦。

审美创造

　　宇宙自诞生的那一刻起，无时无刻不在运动变化。我们生活在地球上，时时刻刻都在做宇宙旅行，每天的日出和日落就是最好的证明。纵观人类历史，太阳这个宏伟的、奇迹般的星球一直受到人类的敬畏和崇拜，是人们从天外获得慰藉的源泉。而太阳从地平线升起或落下的时刻最为激动人心，高尔基在小说《人间》中这样描写日出："光芒四射的太阳不慌不忙地升上来，在树林的黑色树顶上燃起火焰。太阳越升越高了，它欢欢喜喜，晒暖冻僵的大地，大地就发出秋天的甜香。"日本散文家德富芦花则陶醉于日落黄昏："在风平浪静的黄昏观看日落，庄严至极，平和至极。纵然一个凡夫俗子，也会感到已将身子包裹于灵光之中，肉体消融，只留下灵魂端然伫立于永恒的海滨之上。"既然日出和日落如此美妙，我们为什么不去真切地体验一次呢？

　　完整地欣赏一次日出，提前查阅相关资料和信息，确定具体的日出方位和时间，选择一处最佳的观赏地点，观察天空颜色的变化，并通过视频、图片和语言文字相结合的方式记录下整个过程。

三

图 3-1 云雾萦绕山间

云青青兮欲雨，水澹澹兮生烟
——云雾雨雪之美

水是生命的源泉，也是云雾雨雪的形态之源。云是高高悬浮在空气中的水汽，形态万千；雾是地面的云，别具魅力；雨是云上掉落的水滴，透明可爱；雪是水的固态，优美洁白。在大自然中，诸如云雾雨雪等万千气象，既美在自身的特点，美在朦胧，美在动态，美在变化莫测，也美在它们存在的广阔天地，相互衬托，相互渲染。我们不禁要问：是云朵飘逸之趣还是云海浩渺之美更让人期待？是雾气浓淡聚散还是雾凇冰晶神秘更具魅力？是温柔细雨沙沙还是豪爽骤雨叮咚更加声色并茂？是雪花精致纷飞还是大雪洁白恢宏更有诗意？

1 水态生动，气象万千

在瞬息万变的自然世界之中，除了充满神秘色彩的星象景观，还有异常丰富的气象景观。它们都是水的杰作。

环绕着地球的空气圈，我们称之为大气圈，里面时刻发生着各种各样的物理作用，水分在气态、固态、液态三种状态间来回变换。气态的水朦胧迷蒙，液态的水形成了我们所熟悉的露、雨、雾、虹等，固态的水展现给我们的就是与冰雪相关的景色，四季轮回，朝夕不同。云有形状、色彩的变化，像一个个小精灵，施展魔法表现出动静皆宜的美感。雾有浓密之分，松林雾气带来轻柔，山谷雾气带来神秘，更有凝结的雾凇展现出雾的别样风情。小雨淅沥，大雨滂沱，在雨水的滋润下湖光山色清新秀丽，声色俱全。雪花矜持，常在冬季零下摄氏度才出现，带来的纯白世界掩盖世间一切纷扰。但也有"六月飞雪"、撒哈拉沙漠出现的"干雨"、巴西每天具有规律的"报时雨"等奇异的气象景观。气象景观虽然变化无穷，却很少单独构成风景，通常作为其他主体景象的陪衬，或是通过其他景象相互衬托以表现其审美价值。

图 3-2 气象万千，风云变幻

图 3-3　蓝天上白云迭起

2　云雾雨雪之美的魔变

云无心以出岫——云之幻

当我们抬头仰望天空时，也许很难看到漫天璀璨的星辰，但会经常见到形态各异的云朵。云是由高高悬浮在天空中的水汽凝结而成的，形态丰富而多变，它们既可作点缀，又可作遮掩。一朵云能够激起人们无穷的想象力，一整片云海为山川增加朦胧的美感。而它飘忽不定、来去自如的特点也深受那些向往自由、无拘无束的文人士大夫喜爱。杜甫在所作的诗句"天上浮云似白衣，斯须改变如苍狗"中，用云的变化来比喻世事变幻不定；诗人王维则在"行到水穷处，坐看云起时"中用云来表达随遇而安、自由惬意的心境；焦郁笔下的"白云升远岫，摇曳入晴空。乘化随舒卷，无心任始终"则是借云表达向往自由、挣脱束缚、释放自我本性的愿望。

杜甫（712—770）
　　字子美，唐代伟大的现实主义诗人，以沉雄浑厚的风格、深刻真挚的情感、锤炼凝重的语言反映了一个复杂动荡的历史时代，被后人称为"诗圣"，他的诗被称为"诗史"。

三　云青青兮欲雨，水澹澹兮生烟　　037

云的形态主要有三大类：棉花糖似的积云，云块重叠，云体亮白蓬松，边界分明；大片的层云，像暗色的面纱，朦胧不清，边缘有弥漫扩散感，使天空都显得单调沉闷了；丝丝缕缕纤维状的卷云，像丝绸般柔顺光泽，有丝条形、马尾形、钩形……除此之外还有似鳞片或球状细小云块组成的卷积云，排列成行或成群，像轻风吹过水面所引起的小波纹。

白云的形态也时常激发我们无穷的想象力，前一秒你看它们还像碧海里的洁白轻舟，下一秒它们就变成一只只可爱的小动物。偶尔一群白鹭划过天际，婉转的鸣叫让这幅变化无穷的山水画越发生动。除了带给我们无限遐想，云还有预告天气的功能，我国古代聪明的劳动人民在生产实践中总结出根据云的形状、颜色、移速、厚薄来判断天气。比如"天上钩钩云，地上雨淋淋"，意思是天空出现钩钩状的云，地上多会下雨，但雨后或冬季出现的钩钩云则会连续出现晴天与霜冻，所以又有"钩钩云消散，晴天多干旱""冬钩云、晒起尘"的谚语。

图 3-4　心形云朵

图 3-5　蓝蓝的天空白云飘

图 3-6 祥云图案

云都是洁白如絮的吗？其实不然。有的云还会乌黑如铁，或是灰蒙蒙一片，尤其是在光线的透射下，厚薄不同的云会呈现出不同的色彩。诗人李中赞叹云"会作五般色，为祥覆紫宸"，而这五彩"祥云"便是积淀了中国上千年历史的文化符号，寓意五谷丰登国泰民安，表达对未来的美好祝愿。如今，在奥运会等重大活动或节日中，我们仍广泛使用祥云图案来表达美好的祝愿之情。

可不论色彩如何，人们都常常把云当作自由自在的象征，其实这是在赞颂云的动态之美。云在空中不断地移动和变换形态，时而如骏马奔腾，时而如炊烟袅袅散开。起风之时，乌云蔽日，云层翻涌，像是高山瀑布在呼啸着俯冲而下，又像是千万匹脱缰的野马从四面八方狂奔而来，为天地之间染上浓浓墨色。虽然没有了轻柔的美感，但带来了深沉的静谧，展现出云的厚重与气势，诗句"黑云压城城欲摧"中的沉重感扑面而来。

图 3-7 翻滚的乌云此起彼伏，充满动态美

三　云青青兮欲雨，水澹澹兮生烟

图 3-8　一铺万顷的浩瀚云海之上，金色太阳仿佛从云中升起

　　在影视作品《西游记》中，孙悟空可以腾云驾雾，一个筋斗十万八千里，这样的能耐着实让人羡慕。但其实不用身怀绝技，普通人也可以腾云驾雾，实现的方法便是身处云海。云海是在一定条件下形成的云层，其高度低于山顶高度，站在山顶一眼望去便是漫无边际的云，如同身处大海之上。"黄山自古云成海"可谓闻名遐迩，一年之内有三分之二的时间黄山都在云层的包裹之中，云海漫漫，了无边际。黄山秀峰叠嶂，危崖突出，幽壑纵横，漫天浮云随风移动。风平浪静之时，云海一铺万顷，如梦如幻，可转瞬之间，便汹涌澎湃，雪浪推山，气势恢宏，浮云时而上升，时而下坠，时而回旋，时而舒展，使得巍峨的群峰不再连成一片，而是在白茫茫中隐隐约约地露出犄角，构成一幅奇特的云海大观。特别是在雨雪之后的日出日落之时，太阳好像立在云海上，浮光掠影，漫天的"霞海"蔚为壮观。

图 3-9　黄山云海

类烟飞稍重——雾之魅

所谓"类烟飞稍重,方雨散还轻"指的就是雾,它是小小的水滴,比轻烟重,却比雨轻,所以不会像雨水一样坠落,而是悬浮在空中。通常白茫茫的雾气与山水相伴,轻描淡写地勾勒出一幅水墨画。例如鄱阳湖的水面常有雾气冲云水接天之景,此时烟波万顷的雾气被水衬托得更加轻盈,时浓时淡。倏忽间,峰隐湖失,宛如蓬莱仙境。置身于迷雾之中,仿佛步入仙境,它的形态不仅给人带来朦胧的美感,还留给我们充分的遐想空间,让人忍不住睁大眼使劲往里望,不禁思索白雾迷茫的深处究竟隐藏着怎样的美景,那里是否真的住着神仙?虚虚实实的雾景带给人们一种极其朦胧而又优雅的享受,雾里看花,水中望月,时隐时现,若有若无,产生幽邃、神秘、玄妙之感,任由人们运用自己的经验、情感去联想,获得一种审美享受。中国水墨画中极具中式美学特征的留白手法,与雾的朦胧特点有着异曲同工之处,为使整个作品画面更为协调精美而有意留下相应的空白,同样留有充分想象的空间。例如南宋马远所作的《寒江独钓图》,画面中只有一叶小舟和一个在垂钓的渔翁,并没有一丝水,却能让人感到烟波浩渺,满幅皆水,这便是留白的魅力。

图 3-10 雾气笼罩中山体、树木朦胧,仿佛中国传统水墨画

三 云青青兮欲雨,水澹澹兮生烟

若要欣赏雾之美，绝佳之处便是庐山。庐山峰峦林立，有高山幽谷，瀑布溪流，峡谷纵横。因南北水源充沛，充足的水汽遇到尘埃就凝结成小小的水滴，无数的水滴涌向庐山就形成了曼妙的云雾景观。庐山云雾扑朔迷离，随风一缕轻烟摇曳而上，像是香炉里飘出的烟氲在空中越聚越密，转眼间就变成了一泻千里的天河，翻腾缭绕，诸峰忽隐忽现，一会儿散开露出整座山体，一种帘幕大开窥得全貌的惊喜感便油然而生。还没来得及赞叹，瞬息间雾气密布，弥漫山谷，如烟如涛，浩荡似水，遮挡了视线，咫尺之间不能辨物，仿佛刚刚那昙花一现的山峰峡谷只是镜花水月。远处望去，庐山成了茫茫雾海中的一座浮岛，露出灰蒙蒙的轮廓，真有"不识庐山真面目"之感。

图 3-11 庐山云雾景观

图 3-12 雾凇景观

  雾还可以从看似柔软的一团，变成树枝上紧紧包裹的硬质冰晶，它们的名字叫雾凇，又称之为树挂、雪挂。雾凇的形成条件苛刻，观赏雾凇景观需要挑选时机，在瑞雪纷飞的冬季早上才能看到。

  我国雾凇景观以吉林松花江畔最为出名。寒冬夜晚，江面雾气随微风飘向堤岸树枝，经过一晚积聚，松树、柳树枝干上凝结了许多呈针状、粒状的乳白色晶体，似一株株巨大的白色珊瑚。江畔十里长堤的树枝一夜之间凝霜挂雪，棵棵高大的树木宛若玉树琼花，晶莹多姿，一眼望去十分壮观。等到太阳微升，在阳光的照耀下，银光闪烁，美丽动人，因它存在时间较为短暂，在上午时分就开始道别。"奇葩竞放迎风舞，艳丽纷呈作雪飞。"松软洁白的雾凇飘飘洒洒地飞舞散落，好似梨花洒落，直至消失不见。这印证了吉林广为流传的那句俗语："晚看江上云雾，早看两岸树挂，午看遍地落花。"雾凇一夜之间，飘然而至；太阳升高，又悄然离去。逢时而来，随时而去，来去无踪，变化莫测，颇有传奇色彩。这样的美景盛世当值一赞："香清一榻氍毹暖，月淡千门雾凇寒。闻说丰年从此始，更回笼烛卷帘看。"

图 3-13 凝结的雾凇

三　云青青兮欲雨，水澹澹兮生烟　043

图 3-14　檐上雨丝如珠串

斜风细雨不须归——雨之润

雨是云层中降落的水滴。当云中的水汽汇聚到一起，大到不能再悬浮在空气中时，就下降成为雨。万物生长离不开雨水的滋润，它也可以说是人的生命之本，于是人们赞其无私奉献的精神，追求它能够洗净世界铅华的纯洁灵魂和高贵品质。温柔缠绵的细雨，冷酷狂暴的暴雨，阴郁沉闷的梅雨，变化莫测，给人川剧变脸式的惊喜和神秘感。雨打芭蕉的韵致，雨落水面的喜悦，雨中漫步的浪漫，雨后空气的清新，总能勾起人们的审美兴趣。同样，雨的种种变化给人呈现的美也是多样的，既有优美，也有壮美，可以让人欣喜，也可以让人悲伤。

细雨绵绵，最美不过烟雨江南。细雨一般伴着晚风在夜里轻飘飘地落下，缠缠绵绵几天不会停歇。江南小巷中的青石板路被小雨浸润，带着湿漉漉的水汽，细雨将长长的街巷打扮得静谧而幽深。我们仿佛随时能够看到诗人戴望舒等着的那位丁香一样的姑娘，挽着被细雨爱抚后黑亮的秀发，在小巷尽头默默地彳亍着。细雨落在西湖里，像数不清的银丝缝纫上了天空与湖水，苏轼以"水光潋滟晴方好，山色空蒙雨亦奇"描绘出西湖山水在雨中的婉约温润之美。一曲小调"西湖美景三月天，春雨如酒柳如烟"将雨丝与柳丝融进了浪漫的情怀。侯置词云"霏霏小雨恼春光，烟水更弥茫"，再一次描绘出小雨造成的水汽弥漫在人眼前的明艳景色，将细雨细腻柔美的特征别致地表现出来。

图 3-15　油纸伞

图 3-16　细雨迷蒙

图 3-17 电闪雷鸣

  如果说细雨优美像温润的女子，骤雨就像健壮的男子，刚中带柔。大雨来得爽快、豪放，总是伴随着轰隆隆的雷声和乍现的闪电倾盆而下。天空一片阴沉，黑压压地携着狂风撕扯着树木，树枝被吹得东倒西歪，树叶哗哗作响。闪电似利剑划破天空，耀眼的白光照亮了黑沉沉的夜空，它像火龙一样张牙舞爪地向大地俯冲而来，无比壮丽。同时天空猛地一个暴雷炸开，惊天动地，震得树叶直打战，雨就伴着"轰隆隆"的开场乐瓢泼而下，气势十足。"雷声千嶂落，雨色万峰来"，倾盆大雨像钢珠一样砸在河面上，溅起高高的水花。真是"黑云翻墨未遮山，白雨跳珠乱入船"。

图 3-18 雨水在河面溅起水花

图 3-19 初雨停歇，阳光下霓虹如七彩天桥卧在天际

　　骤雨下得洒脱，走得也急。经过雨水冲刷之后的大地洁净无尘，空气中有着雨后特有的清新润泽。王维以"新晴原野旷，极目无氛垢"描绘出雨后的清新景象，温庭筠的"雨后却斜阳，杏花零落香"又展现出雨打落花香气弥漫的景致。雨后初晴，当阳光照射到空气中的雨滴被折射及反射后，一个弧形的七色彩虹横跨在天地之间。它的颜色从外至内分别为：赤、橙、黄、绿、青、蓝、紫，犹如一条七彩的天桥，沟通了天地。在虹的外围，渐渐泛起霓，霓是比虹更大一圈的半圆光晕，颜色的排列顺序正好和虹相反，色彩柔和。此刻我们不仅能欣赏到彩虹"赤橙黄绿青蓝紫，谁持彩练当空舞"的美丽外貌，还能体会到"不经历风雨，怎么见彩虹"的生活哲理。

图 3-20 雨后玫瑰愈发娇艳

三　云青青兮欲雨，水澹澹兮生烟　　047

图 3-21　雨打荷叶

　　古有李商隐"留得残荷听雨声"的高雅情结,现也有"雨打芭蕉"的丝竹乐曲流行。听雨声是中国人历来就有的情结,有"静倚书窗听雨声",也有"枕书同听雨声眠",更有"旋种芭蕉听雨声"。季羡林也以《听雨》一文专门描写过雨声:这声音时慢时急,时高时低,时响时沉,时断时续,有时如金声玉振,有时如黄钟大吕,有时如大珠小珠落玉盘,有时如红珊白瑚沉海里,有时如弹素琴,有时如舞霓裳,有时如百鸟争鸣,有时如兔落鹘起,我浮想联翩,不能自已,心花怒放,风生笔底。

　　"好雨知时节,当春乃发生。随风潜入夜,润物细无声。"春雨如油滋润大地,牺牲自己,无私奉献,是生命的体现。大雨扫去世间尘埃,还给世人干净的世界。春雨像银丝,小小的、细细的,像牛毛,像花针,像绢丝,若有若无。"细雨湿衣看不见,闲花落地听无声。"稍稍溅在地上就像绽开的烟花,几缕银光乍现就悄无声息了。夏天的雨是英姿飒爽的,像断了线的珍珠,噼里啪啦地砸下来,蹦起高高的豆大的水花,四散飞溅。一场秋雨一场寒,秋天的雨在枯枝败叶中萧萧瑟瑟更显凄凉。"梧桐叶上潇潇雨",无情的秋雨将树干上仅剩的几片叶子打落，真是"秋风秋雨愁煞人"，秋雨带出来的是无边的惆怅与感伤。冬天的雨带着肃杀，清清冷冷。然而冬季寒冷的天气不仅能使雨变得冰冷难耐，还能孕育出另一种美景——雪。

北风吹雁雪纷纷——雪之洁

雪是水以固态存在的一种形式。雨是雪的初始阶段，雪是雨的升华，所以赏雪与赏雨非常相似，都要欣赏它们晶莹的形态美、飘逸的动态美、纯洁的色彩美和高贵的精神美。

为什么人们常把片片飘落的雪称作"雪花"呢？主要是因其外形似花，有着基本相同的形态，多为六角形或八角形。雪花属于六方晶系，所以雪花基本形态是相同的，都带有六角形或八角形的特征。唐代著名武将高骈在《对雪》中，曾这样写道："六出飞花入户时，坐看青竹变琼枝。"这"六出飞花"便是指有着六个"花瓣"的雪花。虽然世界上没有两片相同的雪花，但所有雪花的形状都像花儿一样漂亮。微观下，雪花晶莹剔透，形状各异，每片雪花都是一幅极其精美的图案，它们既有共同之处又各具风姿，有的像明亮的星星，有的像细细的缝衣针，有的像六边形的花瓣，有的像展开的六把扇子……真是千姿百态美不胜收。

图 3-22　六角形与八角形雪花

三　云青青兮欲雨，水澹澹兮生烟

图 3-23 飘雪

　　雪花不仅精美得让人陶醉,其飘飘洒洒、自在自如的优雅气派也让人感受到一种洒脱、从容不迫的美。晶莹的雪花先是小朵小朵地飘飘洒洒,像轻盈的玉蝴蝶在空中翩翩起舞,又像吹落的梨花瓣,零零落落。慢慢地,雪越下越大,像蒲公英似的雪花抱成团,一团团、一簇簇地落下来,仿佛无数扯碎了的棉花球从天空翻滚而下。在《世说新语笺疏·咏雪》中也描述了下雪的场景:"俄而雪骤,公欣然曰:'白雪纷纷何所似?'兄子胡儿曰:'撒盐空中差可拟。'兄女曰:'未若柳絮因风起。'"毛泽东的《沁园春·雪》以"北国风光,千里冰封,万里雪飘。望长城内外,惟余莽莽;大河上下,顿失滔滔。山舞银蛇,原驰蜡象,欲与天公试比高。须晴日,看银装素裹,分外妖娆。"描述出了雪景的壮美。

图 3-24　河面上的雪蘑菇

如果要欣赏令人神往的雪后绝美画面，一定要在冬天去喀纳斯。那里有长达六个月的冬季美景，你可以感受凛冽的寒风划过脸颊，目睹鹅毛般的大雪簌簌落落。如果夜里听到大雪不断落下的沙沙声和树的枯枝被积雪压断的咯吱声，那么第二天你便会看到山川、河流笼罩上白茫茫的厚雪，粉妆玉砌，天地之间浩然一色，景色壮丽无比。厚厚的白棉被般的雪，静静地铺在每一栋房顶、每一个角落，世界一片安宁。喀纳斯就这样安静地躺在阿勒泰山脉的禾木河谷之中，就像人类最后的一片净土。一个个可爱的雪蘑菇布满喀纳斯河谷，白嫩嫩、圆滚滚地躺在河水之中，平静的河面映照着白雪皑皑的景观，静谧而美丽，就像童话里的冰雪世界！

图 3-25　厚实的白雪覆盖大地

三　云青青兮欲雨，水澹澹兮生烟　　051

图 3-26　白雪与驯鹿

　　提到童话世界，不得不提芬兰的圣诞老人之乡——拉普兰。拉普兰四分之三的土地处于极地，树木都是可以在极寒中生存的针叶林。大雪泼洒而下，枝叶间积攒了蓬松的、沉甸甸的雪，每棵树都像圣诞树一样喜庆。传说拉普兰是圣诞老人诞生的地方，森林里那些自由飞驰的驯鹿是否就是圣诞老人的坐骑呢？

图 3-27 红梅傲雪

诚如梁实秋所说:"雪,是越下得大越好,只要不成灾,雨雪霏霏,像空中撒盐,像柳絮飞舞,缓缓而下,真是有趣,没有人不喜欢。有人喜雨,有人苦雨,不曾听说过谁厌恶雪。"大家喜欢雪带来的视觉美感,而其审美文化根源在于它是纯洁灵魂的象征。鲁迅在文章《雪》中称雪是死掉的雨,是雨的精魂,对雪化为水分滋润大地的牺牲、奉献精神极力赞美。雪洁白、纯净、不与世同流合污的品格也为人们所称赞,所以在比喻人品格高洁时有"雪胎梅骨",形容高雅艺术时有"阳春白雪",夸赞人聪明时有"冰雪聪明"。在我国四大名著《红楼梦》中,一句"山中高士晶莹雪,世外仙姝寂寞林"将雪比作才气具备令人钦佩的世外高人,将雪的气节和精神表现得淋漓尽致。

三 云青青兮欲雨,水澹澹兮生烟

3　自然美的体验与创造

审美体验

雪人是属于冬天的精灵，而制作雪人是只有在个季节才特有的奇妙经历。我们可以通过这样的方式，把洁白而又柔软的雪定格在雪人圆圆滚滚可爱的身体里。接下来就一起看看如何堆雪人吧！

1. 首先挑选比较紧实的雪堆。
2. 将雪用两手攥成雪球。
3. 把雪球放在地上，并慢慢把雪球滚大，直到自己想要的大小为止，作为雪人身体最底部的部分。
4. 再做一个略小的雪球，作为雪人身体中间的部分。
5. 再做一个更小的雪球作为雪人的头，把雪球从大到小叠好。在堆雪球时要拍实，并把雪球的边缘抚平滑。
6. 当雪球都堆好时，在雪球上再多拍一点雪，让整体更紧实一些。如果你的雪人看起来有些不稳，可以从头上插入一根细棍子一直到雪人的底部来固定。
7. 在雪人的头中间插上一根胡萝卜作为鼻子，用扣子或鹅卵石作为眼睛，点缀在鼻子上面。在鼻子下还可以用石头或是煤块装饰一条线，摆出迷人的微笑或是生气皱眉的样子。
8. 插上笤帚或是棍子作为雪人的胳膊，还可以在雪人的头上戴上帽子或是给雪人围上围巾。

这样，一个漂亮的雪人小精灵就大功告成啦。

审美创造

活动一： 每天的风景都会有一点变化，每一个气象景观都显得难能可贵，善于发现美是我们需要学习和提高的能力。走出家门，找一处美的风景，挑选一个最棒的视角给静态的或动态的云、雾、雨、雪等景观拍一张美丽的照片，与家人、师生、朋友们一起交流、一起分享这个美景。

活动二： 下雪啦，雪不仅好看，还非常好玩呢！约着家人、师生、朋友们一起玩雪吧，接一朵小小的雪花仔细观察它的形状，打一场雪仗在寒冬里酣畅淋漓。最后，我们一起来堆一个大大的雪人吧！还可以借助身边的材料堆一个雪兔子、雪小猫、冰雪皇宫……发挥你的想象力，做出各种精美的作品吧。最后给你的作品取一个名字，一起合一张影吧！

图 3-28　可爱的雪人

四

天柱一峰擎日月，洞门千仞锁云雷
——峰岩崖谷之美

庄子言"天地有大美而不言"，美在大自然中，为天地具有，人要了解美、追求美就要去天地中观察。古人用画卷记录高峰的矗立，用传说讲述名山的故事，用诗词舒扬大川的情怀，壮观、神秘、英雄、探险与之相伴相随。我国先贤历来以大地为万物之母，自然之美就藏于巍巍高山，藏于幽幽深谷。

图 4-1 悬崖峭壁

1　峰岩崖谷，跌宕起伏

　　高山巍峨，暮色苍茫，雄浑的山峰俯瞰着历史，波澜不惊；坚实的脊背顶住了亿万年的沧桑，从容不迫；岩石磐磐，坚硬的身躯随处可见，那不平的棱角任风吹雨打而坚定不移；峭壁生辉，似乎以"拔地通天之势"屹立，而峭壁之上翠绿的生命，装点着木讷的崖壁，注视远方，那就是它的使命；深谷幽幽，与青山、碧水、蓝天一体，两山之间的低凹处，如同索桥一般，连接着两侧的峰峦，相互融合、渗透，有着难以言说的和谐与深厚。

　　峰岩崖谷是陆地形态的重要组成部分，峰岩崖谷的美更是自然美的重要体现。其形态之多样美，连绵不绝抑或孤峰一掷，屹立挺拔抑或舒缓平适，棱角分明抑或曲润圆滑；其色彩之各异美，淡紫深蓝、嫩黄墨绿，或清新，或浓烈，自然的色彩随意调配，泼洒在山川峡谷，又好似点缀其间，令人应接不暇；峰岩崖谷又饱含着中国文人的情怀和智慧，他们往往以峰岩崖谷自喻，将人生哲理、人生抱负、人生境界植于其中，将美好之德行永久地保留并传承下来。

图 4-2 峰林耸立

天地之柱——峰之峻

"峰,山专也。"山峰形态各异,有高低陡平之别,峰峦、峰墙、峰丛、峰柱、峰林等让人目不暇接。它们或幽深绵长,或一枝独秀;或树木葱葱,或岩崖秃立。古人以山之顶为峰,高耸入云、令人望而却步的山峰,唯有那不畏艰险的登山英雄才能征服,身临其境地享受山川之美。欣赏山峰的形态美,可以选择由远及近的方式。远眺山峰雄伟壮观,近看则奇险神异,进入山内则秀雅清新,而其路途之艰辛却又伴随着众多奇妙之物,怪石、溶洞、陡崖均分布于这条登山之路上。

平缓秀雅的山峰相连,可称其为峦。山峦的美在于它的走势平和,层叠错落,既没有突出的山体,也没有悬崖绝壁,体现出一种清新、秀丽、优雅之美。山中林木繁茂,绿树成荫,明月高悬,松涧月光投影,斑驳晃动,一缕叮咚清泉。青松林立挺拔、林间溪水潺潺,给人一种清新悦目、柔和静穆之美感。

图 4-3 山峦绵延

四 天柱一峰擎日月,洞门千仞锁云雷 059

图 4-4 喜马拉雅冰川

除了连绵之优美，山峰更有雄奇之壮美。当与山峰之间的距离足够达到总览全貌时，遂能感受到它雄浑万丈、耸立入云的雄奇之美。那陡峭峻拔的山岩，或重叠或独秀的雄峰，高耸在遥远的天际。世界屋脊喜马拉雅山脉，正有这样的雄奇之峰。喜马拉雅意为"白雪的故乡"，山峰高耸于上，似乎比天空中云朵还高，庞大而崎岖的山峰终年裹覆着白雪和冰川，明亮的阳光照耀着山峰下的高原。正是这种象征着上天的力量和威严，以不可思议的美吸引着自然爱好者及乞求圣灵的朝圣者。

说到奇峰峻岭，还有一处不得不提，那就是张家界。在那里连绵重叠着数以千计的奇峰，陡峭嵯峨、千姿百态，或孤峰独秀，或群峰相依，造型完美，形神兼备。特别是以"张家界地貌"命名的石英砂岩大峰林，为世界独有。英国著名记者、地质学家西蒙·温彻斯特在《纽约时报》撰文，赞美"张家界像长城一样伟大"。

图 4-5 张家界景观

图 4-6 黄山云海

　　山峰的色彩虽不会自己变换，但可以随着天气、季节的更替而变化，仿佛是被大自然披上了各式各样的衣裳。当山中雨后，薄雾笼罩，山岚就像一个个正待出嫁的姑娘，若隐若现，羞赧而好奇地探头向外张望。一阵阵风吹起，吹去山脊上的雾气，山缝隙间飘荡着一缕缕薄雾正向山尖飘去，犹如仙境一般。当登上山顶，观云海漫漫，波澜壮阔，一望无边。而其间大小山峰、千沟万壑都淹没在这云涛雪浪里，形成一座座孤岛。日出霞红之时，万道金光为这些孤岛披上彩衣罗裳，璀璨夺目，妖娆动人。而随着四季轮换，山峰的颜色也不断变化，冬季峰顶几无林木生长，整个山峰萧萧瑟瑟，寒风扫过光秃秃的枝丫，卷起一地的落叶，唤起悲戚低落的思绪，似回叹往事又似感慨光阴易逝。"至若春和景明"，万物复苏，山峰渐生绿意，一点点嫩黄枝头，一棵棵零星小树，而后便整个山头都活过来了。裸露的山岩被覆盖，山峰满是青翠，或是墨绿，都是那么的朝气蓬勃。转眼又进入秋季，山峰却更加色彩缤纷，热情如火的枫叶、金黄灿烂的银杏，当然也有碧绿的松针，仿佛大自然完成的水彩、泼出来的巨幅画卷。

图 4-7 身披彩衣

四　天柱一峰擎日月，洞门千仞锁云雷

山峰历来是中国古代文学典籍的意象，积淀了厚重的历史文化，常被借以唤起人们潜在的审美意识，或直抒胸臆，描写山水之美，表达对祖国山水的喜爱，如孟浩然"绿树村边合，青山郭外斜"；或借描写山水之美抒发凌云之壮志，如杜甫"会当凌绝顶，一览众山小"，在登临泰山之巅，俯瞰群山的豪迈气质；或体现人生之思考、哲理之智慧，如苏轼"不识庐山真面目，只缘身在此山中"，对人生之全面观照，以山来寓意纷繁的社会，告诫我们要跳出山外，远望"庐山"，才能更完善地观察世界；或描述悠然闲适之生活，如陶渊明"种豆南山下，草盛豆苗稀"，体现了田园隐士优雅闲逸的生活和平静悠然的心境。

山以其厚重、稳健代表父亲，代表父爱，"父爱如山"是对父爱厚重却不善表达的敬意。当你遇到困难时，给你的不是答案而是力量；当你感到失落时，给你的不是成功而是信心。那一刻，父爱正如山一样岿然不动而默默遮风挡雨。在欣赏山的自然美的同时，给予其丰富的人文情感，也是审美之意象构成的过程，因而山或峰都成为自然之美的代表。

图 4-8 《父爱如山》海报

图 4-9 波浪岩

千锤万凿——岩之美

在我们登山的途中，经常会遇见一些奇岩怪石，它们是山的一部分，却有着自己独特的审美特征。这些异常坚硬的岩石，无论是在山地还是在海边，都经历了大自然风雨之力的打磨，呈现出千姿百态的造型、奇异丰富的色彩、或光滑或粗糙的质地，构成了岩石之美。

人类历史的脚步，始终伴随着对岩石、矿石的认识。石器打造，炼金、炼丹术等金属提取的工艺不断推动着人类文明的进程。其中许多矿石的原始形态堪称鬼斧神工，外形、色彩极具审美价值，比如"海洋碧玉"——孔雀石与蓝铜矿同属碱性碳酸盐矿物，它们一绿一蓝，宛如铜矿家族中的一对孪生姐妹，形影不离，同生、伴生、互生、共存。这块矿石极似海中礁石，海水映衬下显得碧蓝碧蓝，上面点缀的绿色杂矿，却正是海中水草之态，栩栩如生。

图 4-10 盐灯

四　天柱一峰擎日月，洞门千仞锁云雷　063

2 峰岩崖谷之美欣赏

图 4-11 各色水晶石

石的质地直接决定其美的格调,其色泽渲染审美情感。玉石质地坚硬,色泽温润、通透,给人以柔美之感;花岗岩不易风化,质地坚硬,纹路均匀,有十分丰富的红色、绿色、米色等等,或混合或单色,尽显粗犷之美感;汉白玉虽质地坚硬,但乳白的色泽和温润的纹理展现典雅之美;水晶石虽有粉、绿、紫等色泽但由于其透光性极好而玲珑剔透,成为观赏性较高的岩石;而丹霞地貌因遍地红石展现出热烈之美。这不同类型之美的石头无不与其质地有关,因其色泽的区别而给人带来审美感受的差异,也经常被作为艺术品的加工原料,成为雕刻艺术之美与自然之美的紧密结合。

艾尔斯岩是世界上最大的单体岩石,被称为"魔石"。在不同的季节与不同的气候条件下,艾尔斯岩会呈现出不同的色彩,甚至在一天中的不同时间里,艾尔斯岩也随时跟着光线而变化。清晨,阳光刚刚射到地平线以上,艾尔斯岩就立刻穿上浅红色的靓丽外衣,风姿绰约地展现在众人面前。日落是艾尔斯岩最美的时刻,晚霞笼罩在岩体和周围的红土地上,艾尔斯岩从赭红到橙红,最后变成暗红,渐渐变暗,消失在夜幕里。而当沙漠中下雨时,巨岩又好似穿上黑色的燕尾服,向人们展示其神秘与威严。

图 4-12 艾尔斯巨岩

图 4-13　云南石林

　　自然界的神奇力量在岩石身上发挥得淋漓尽致。一些怪石是由于外力对岩石产生作用而形成的，例如因风蚀或水蚀作用而形成各类蘑菇石、石拱、石林等奇观。还有一些怪石是由于内在力量的平衡，它们用那看似脆弱的基座支撑起庞大的身躯，将所有的压力都集中于那神奇的一点，任凭风吹雨打，却依然屹立不动。比如英国平原上的偶像石、美国沙漠中的阿切斯石拱，还有我国的云南石林。正是因为内在结构的特殊使它们保持着这样微妙的力量平衡，让人不由得感叹大自然的奇迹！

图 4-14　阿切斯石拱

岩石也因其坚硬的质地被赋予了许多美好的人文寓意。例如，明代诗人于谦以洁白坚硬的石灰石自喻，挥笔写下著名诗句"千锤万凿出深山，烈火焚烧若等闲。粉身碎骨全不怕，要留清白在人间"，前两句不仅写石灰石被开采的艰辛，也是表明仁人志士所经受的考验；"全不怕"粉身碎骨，也与清白石灰相映衬，寓意不怕牺牲的民族大义，立志要做清白纯洁之人。

此外，一些造型独特的岩石还是爱情的象征，例如望夫石就在诸多文学作品中出现。最早相传大禹治水三过家门而不入，妻子涂山氏化为一块望夫石，后人又叫启母石，这一望就是四千多年。香港、桂林等地都有望夫石的故事，妻子站在山石之上，向远方眺望，盼望丈夫归来，日久年深化作山石永远保持远望的姿势，形象地表现了妻子对千里之外的丈夫的不渝真情。

图 4-15　香港狮子山公园望夫石

图 4-16 法国埃特尔塔海岸

壁立千仞——崖之峭

《说文句读》写道，崖是"水之边而峭高者也"，因而崖不同于高耸的岩，也不仅仅是陡峭的山，其主要特征是有水而峭高。崖又多被称为悬崖，意在崖之陡峭，几乎悬在山侧水上，其竖直的岩石像是半边山体被利刃切开一般，突兀地展现千丈的上下落差。在这种刀削般的崖壁上，人显得极其渺小，而攀登这些险崖绝壁又难于登天，怪不得诗人陈子昂感叹"岩悬青壁断，地险壁通流"，直叫人有"难于上青天"之感。此外，成语"悬崖勒马"比喻到了危险边缘及时醒悟，可见悬崖陡壁在人们心中是十分危险之地，但正是这种险要和陡峻给人以美感。

大海与陆地交接之时，海浪总会不断冲击着海岸，似乎是要将陆地直接咬下一口。较大的山体岩石就这样经水冲蚀形成各种奇险的崖或礁岩，如法国埃特尔塔海岸绵延数公里，面向大海的一面山崖被海水和海风削成笔直的峭壁，山崖是特别的白灰色，如同一堵巨大的白墙，吸引著名画家莫奈创作了大量作品。

图 4-17 莫奈《埃特尔塔的悬崖》

四　天柱一峰擎日月，洞门千仞锁云雷　　067

图 4-18 崖缝间的植物

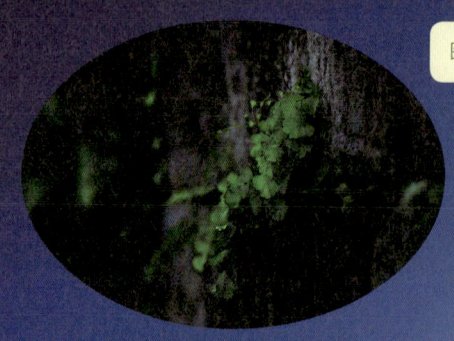

悬崖峭壁固然险峻，令人望而生畏，但也不是全无色彩，有许多生物长于其上，像是石壁缝中生长的花草，姿态万千，随风摇曳，风姿绰约，成为点缀山崖的一抹靓丽色彩，也吸引着我们向上为之攀登。例如在武侠小说或者影视作品中经常看到，故事里面的主人公为了采摘悬崖上的花花草草或者是珍贵草药而涉险，可见攀登悬崖是一件非常危险且极其不容易的事情。在生活中，在大山深处也有这样的一群悬崖采药人，他们用最传统的工具——麻绳悬挂在山崖间，寻觅传说中的仙草。如今攀崖已经变成了一种极具挑战性的户外运动，而成功攀登则被视为具有勇气和毅力的象征。

图 4-19 悬崖攀登者

崖还与江水相伴,这是一种美妙的山水和谐共鸣之美。江河奔腾,悬崖鳞次栉比,河水从两座陡山之间急流而过,水崖相接,江水拍岸,不时激起一团水雾,阳光透过,映照出一条小巧的彩虹。两岸群峰叠嶂,峭壁对峙,崖上奇石嶙峋,更有各类灌木花草生于其间。

　　三峡是我国万里长江上一段山水壮丽的峡谷,尤其是瞿塘峡的雄奇之美,夹江的崖壁垂直陡峭,江水之湍急更加彰显这种壮观的山崖之美。两岸山连山、岭连岭,像是一路保护江水东流;悬崖和山峰耸立,身处峡谷,或许只有当正午或午夜之时,太阳或月亮升至最高处才能看到阳光或月光。夏天江水更加澎湃汹涌,如描写瞿塘峡"西控巴蜀收万壑,东连荆楚压群山",赤甲山屹立江北,白盐山耸立岸南,崖涧岌岌欲坠,处处显示出三峡的奇峻之势。

　　除了自然风光之外,三峡更是人杰地灵,是中国文化重要的发源地,孕育了中国伟大的爱国诗人屈原和千古才女王昭君;青山碧水,也留下了李白、杜甫、白居易、苏轼等诗圣文豪的佳作;崖涧深谷也曾是三国无数英雄豪杰之战场;等等。各色风流名士千古英豪与这旖旎的山光水色交相辉映,名扬四海。

图 4-20　三峡之瞿塘峡夔门

四　天柱一峰擎日月,洞门千仞锁云雷

图 4-21 寻红叶迷踪，入瑰色三峡

《三峡美》

作词：湛明明 湛泉

三峡美，三峡美，诗中的山，画中的水；

奇峰托白云，峡江流翡翠，百丈飞泉溅玉珠，岸畔山花留人醉；

啊……

三峡美，三峡美，游人到此，游人到此尽忘归，

三峡美，三峡美，眼前的山，心中的水；

江上汽笛鸣，神女笑微微，夔门敞怀迎宾客；

山色水光令人醉；

啊……

三峡美，三峡美，明朝三峡，明朝三峡更光辉，更光辉。

图 4-22 奥地利山谷

大地之痕——谷之幽

峰崖险峻雄壮，而谷亦富有奇幽。山谷有水，水或涓涓细流，清澈见底；山谷有岩，岩或奇形怪状，色彩各异；山谷有洞，洞或清幽雅静，世外桃源。山谷亦有大小之别：大山谷比较宽阔，两端虽有山脉，但山势趋缓，山谷多有葱茏树林，或蓝色小湖点缀其间；小谷则狭小精致，溪水潺潺，其间"青树翠蔓，蒙络摇缀，参差披拂"。

九寨沟有"童话世界"的美誉，沟内湖泊串成宛若天降的珍珠，一年四季都有享受不完的美：春天的九寨，冰雪消融，山花烂漫；秋天的九寨，五彩斑斓的秋叶，在湖光流韵间漂浮。九寨将山谷之美倾泻到极致，美到你的心里，美到你的灵魂，而语言的描述却不及万分之一……

图 4-23 九寨沟之美

谷之美，多美在其自然幽静，那种处于深山密林，未被世俗意志所改变的自然状态。树木生长，花草枯荣，一切仅以自然规律为标准。山水诗人王维《山居秋暝》这样写道：

空山新雨后，天气晚来秋。
明月松间照，清泉石上流。
竹喧归浣女，莲动下渔舟。
随意春芳歇，王孙自可留。

诗人所描写的幽静闲适的山谷，清澈透亮的溪水，漫过小石潭，淅淅沥沥地向另一丛灌木流去，其间两条青黄的小鱼偶然摆动一下身躯，却惊跑了水面的蜉蝣。而不远处，几个农家姑娘正说说笑笑，一手摆动水中的衣物，一手卷起花袖，轻轻地抹了下额头的汗，又接着揉搓手中的衣物，扬起棒槌。不一会儿便麻利地端起小盆儿，隐没在林间通往村庄的小路上。这正是人与自然和谐相处的场景，山谷因俏丽的姑娘多了几分人的气息，却又不失去幽静，山间之野性与人的平衡更使人赏心悦目，即使是诗人也愿留下。

莱茵峡谷两岸山峦重叠，河道曲折蜿蜒，河床狭窄；气候温和，土壤肥沃，农业发达，尤以葡萄种植业闻名，沿岸葡萄绵延100多千米，形成一个巨大的葡萄园，这段也被称作德国的"葡萄酒之路"。

图4-24　莱茵峡谷

图 4-25 科罗拉多大峡谷马蹄湾

　　谷之美，亦美在其鬼斧神工。山谷像是自然精心摆弄的物件，浓浓的山水气息与绝妙的组合配置形成诸多盛景奇迹，这样的诡谲精妙在科罗拉多大峡谷表现得淋漓尽致。地质学家们认为科罗拉多大峡谷是一种无与伦比的奇景，那一条条沟壑、一块块巨岩，环环绕绕、层层叠叠，直接裸露在天地间，粗犷狂野之美尽显。科罗拉多河水流奔涌，光怪陆离的河岸，似乎在阻挡水流的去向，仿佛时光在此静止。

　　同样堪称大自然鬼斧神工之作的还有位于美国亚利桑那州的羚羊峡谷。柔软的砂岩经过百万年的暴雨洪水侵蚀与风蚀，形成了谷底走廊和谷壁上坚硬光滑、如同流水般的边缘。谷内虽无植被，但地理纹路清晰、连贯、柔和，颜色递进变化。洞内岩壁形态各异，几无重复，狭窄处仅能容一人通过，宽处却阔如大厅。阳光很难进入谷底，偶尔宽阔处才有阳光透过缝隙照射下来，而阳光经折射更使得谷内色彩斑斓，如梦如幻。

图 4-26 羚羊峡谷

四　天柱一峰擎日月，洞门千仞锁云雷　　073

3　自然美的体验与创造

审美体验

玉的质地细密、温润、晶莹，色泽纯正、艳丽，有红、黄、绿、青、蓝、白、黑等多种颜色。在柔和的光线下，玉石折射出迷离梦幻般的夺目光彩，清澈通透得像一汪秋水、波光潋滟、空灵澄明，正是这些要素使人产生审美愉悦。

"黄金有价，玉无价"，玉是大自然赐予我们的财富，是中华民族传统文化的载体。"冰清玉洁""宁为玉碎，不为瓦全"等成语高度概括了玉高尚纯洁的品质。中华民族是世界上最早发现和使用玉的民族，我们的祖先也早已懂得用精雕细琢的方式来表现玉石之美。他们用勤劳的双手和智慧，将玉本身的特点发挥到极致，同时又赋予其美好寓意，例如将玉石雕刻成葫芦的样子，意为"福禄"等。

图4-27　玉器装饰

世界第一大玉佛位于辽宁省鞍山市玉佛寺内，重达260吨，玉佛集七色为一体，色彩斑斓，光泽瑰丽，由120名玉雕师历时17个月精雕细琢而成。这块七彩花玉的正面和背面分别雕刻为法相庄严的释迦牟尼佛和观世音菩萨，其雕刻之完美可谓巧夺天工，充分体现了大自然中天然形成的玉石与人类智慧和宗教文化的紧密结合。为尽量减少玉石的重量损失，设计时完全按照玉石各部位颜色和自然形状，随弯就势，高处雕成山体，低处雕成河流瀑布，利用好每一处玉石的光彩和色泽。2002年12月12日，英国吉尼斯世界纪录总部正式授予其"世界最大玉佛"证书。

图4-28　世界第一大玉佛鞍山玉佛

审美创造

石头是生活中最常见的物体，在你心中石头能做什么？是铺设庭院的小路，还是单独搁置作为装饰物呢？又或者它就是一块小小的普通的石头……

和小伙伴们一起去小河边或者田野中捡一些小石头吧，可以事先想想需要什么样的石头，然后再去寻找。也可以不带着目标去寻找，只要发现有意思的石头就都留下，然后回来再思考该做成什么样。

首先用清水、刷子清洗表面的泥垢、苔藓，为了保持卫生最好吹干或晾干。准备一些水彩笔等颜料，还有胶水、纸板、毛笔等材料和工具，就可以创作啦！

你可以用石头搭成一座座假山，可以用胶水和纸板作为支撑。高低大小由你来决定。画上松树和松鼠，画上河流、荷叶，用石头点成青蛙，一幅从山峰到河流的立体画作便完成了。

你可以用每一个石头作为画板，根据石头的形状，画一些小动物，如企鹅、小黄鸡，或者花草树木，或者山川河流。画完后用一个相框配上，并给它们编上一个故事。

通过你的想象，还有其他更多的好主意将这些毫不起眼的石头添上最美的色彩，给它们生命和活力。做好后和小伙伴、老师们一起分享吧！

图 4-29 制作石头画

五

图 5-1 九曲源头

黄河之水天上来，奔流到海不复回
——江河湖海之美

水滋养着生命，滋润着土地，蕴藏着能量，照耀着历史，它是大千世界的血脉。自然界中波涛汹涌、飞扬激荡的江海显示了水的动态之美；而烟波浩渺、一碧万顷的湖泊则表现了水的静态之美。老子曰："天下莫柔弱于水，而攻坚强者莫之能胜。"江河能循山谷而下，顺田野而饶，直到万川入海，既能流到最低处，又能跃到最高处。它的生命，在于长流不腐，勇于闯荡；它的力量，在于一往无前，排山倒海；它的气质，如百媚千娇的俏女子，亦像一个能屈能伸、刚柔兼备的大丈夫。

1 动中有静，柔中带刚

一滴高山冰川融水从它滴答落下的那一刻开始，便已勇敢地踏上不归的旅程。它与同伴兴奋且欢快地从狭窄的河道中牵手前行，若是路上没有偶遇险滩和瀑布，人们也不会发现它竟是如此勇敢。它要与朝夕相伴的两岸山峰说再见了，也许会去拜访前方如银盘般的清旷大湖和珍珠般的隐秀小湖。而后在辽阔平原上，它心平气和地走完最后的一段路，等待着汇聚时刻的来临。对于这滴水来说，大海既是它这一世的归宿，也是下一世的起点。海水蒸腾，随云游走，行云落雨，不知又将凝结于何处的冰川，而后汇入哪条河流。

江河湖海，作为自然界中水最广泛存在的形态，风韵各异，或静或动，或刚或柔，但总有着千丝万缕的联系，在自然界中不断变换角色。大江大河的发源地常常不是雪山冰川，就是沼泽湖泊，而后最终汇入宽广大海，例如亚马孙河发源于安第斯山，最终注入大西洋；长江发源于唐古拉山，最终注入东海。奔流不息的江河所走过的这一路，有冰川、有瀑布、有清泉，还有大大小小的湖泊沼泽。在不同的河段，自然景色迥然而异，各有其美。例如著名的多瑙河，上游流经崎岖的山地，峡谷幽深，两岸多峭壁。河道狭窄，河水劈山越岭，呼啸而下，充满了自然的野性。中游进入中欧平原地带，河谷宽阔，河流在一马平川中蜿蜒摆动，平静流淌。

图 5-2 小小水滴就是江河湖海美丽画卷的颜料

图 5-3 埃及文明

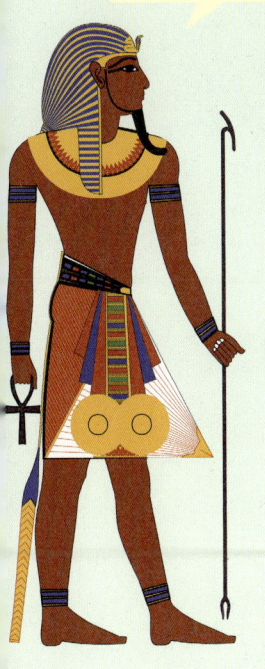

水不仅在自然界中存在的形态丰富多样,值得我们仔细品味,它还是孕育着人类文明的源泉。《列子·汤问》中"缘水而居,不耕不稼"这句话十分形象地展示了水对于人类的重要性,水是生命的摇篮,像母亲一样呵护着一方土地,也是它浸泡了文明的种子,哺育了怀抱着的人类文明,共同构成了水乳交融的和谐画卷。自古以来,地球上的大江大河流域也的确是孕育人类文明的发祥地,例如黄河与中国文明、幼发拉底河与古巴比伦文明、恒河与印度文明、尼罗河与古埃及文明。其中尼罗河是由湍急奔放的青尼罗河和平静婉约的白尼罗河汇聚而成,人们将它们比作一对相爱之人,共同敞开胸怀,拥抱大地,孕育出辉煌灿烂的尼罗河三角洲文明。现如今,四大古文明中的三个全都被外来文化所毁灭或整合,只有中华文明延续了下来。

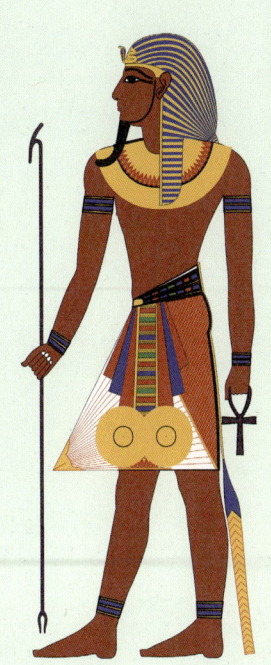

图 5-4 水文化:水能载舟,亦能覆舟

在中国文学史上,水的地位也是至高无上的,它以其特有的姿态,承载着许多丰富的情感,给予人们无穷无尽的启迪。尤其是在古典诗词歌赋中,有关于水的佳句比比皆是。"山无常势,水无常形",是兵家需要领悟的行军之道;"水能载舟,亦能覆舟",是对居高者的殷切忠告;"水滴石穿,木锯绳断"是教人恒心持久,坚持不懈……

五 黄河之水天上来,奔流到海不复回

图 5-5 洁白的冰雪世界

圣洁女神——冰川之宏

冰川是地球的年轮，千百年来亘古不变的是它的宏伟和宁静，它们以其纯净、洁白的颜色征服了我们的内心，它们像是守护着地球的天使。你看那位于喜马拉雅山中段的珠穆朗玛峰，既是世界第一高峰，也是人们心中的圣洁"女神"，从她身上流淌下来的条条洁白的冰川，犹如"女神"的哈达飘荡在山间，表达着对世人最美好的祝福。而看似亘古不变的冰川并非永远寂静地躺在那里，它也在不断地悄然运动，有着别具一格的动态美感，例如海螺沟冰川，它上端是巨大的陡壁，当冰川运动到这里，便成瀑状下降，形成我国最大的冰瀑。冰川时常发生规模不等的冰崩，无数光芒四射的冰块仿佛从蓝天飞溅而下，像是壮观的银河。更奇特的是，冰体间的碰撞摩擦还会产生放电的现象，一时间蓝光闪烁，隆隆响声震彻冰川峡谷。

图 5-6　高山冰川

　　若说冰川大多形态类似，那你一定没见过高山冰川前缘姿态万千的冰塔林，那简直是大自然雕塑的"冰上花园"。远远望去，它们犹如整齐划一的白色佛塔，但走进其中，却形态各异、晶莹剔透，闪烁着幽蓝的光芒。帽状冰川也叫"冰帽"，像白色的冰雪帽子覆盖在山顶，边缘轮廓平滑整齐；悬冰川形状如盾，斜贴在山坡上；还有一些叫不上名字的冰川如鲸鱼露出水面的鳍，或迎风招展的船帆。冰塔林内部的融水形成了弯曲的河道，以及冰洞、冰桥、冰帘、冰柱、冰笋、冰芽等，将整个冰塔林雕塑成水晶般的宫殿。这份自然大师用岁月雕琢和打磨的美景，也是人类赖以生存的宝贵资源。实际上许多大江大河的源头都是冰川融水，像珠穆朗玛峰的滴滴融水，便是我国数条奔腾咆哮的江河的源头。

图 5-7　冰川冰塔林

五　黄河之水天上来，奔流到海不复回

图 5-8 海上漂浮着一块正在融化的冰川

除了高山冰川，还有大陆冰川。南极大陆冰川像一项巨大无比的帽子，几乎覆盖了整个南极大陆，把那里盖得严严实实。在南极，有时会看到冰川边缘崩裂，巨大的冰块从高处坠落，激荡起大片白雾，夹杂着隆隆轰鸣。企鹅算是当地的"土著民"，南极大陆和亚南极区的岛屿上都有它们的踪迹，摇摆可爱的企鹅给这片冰冷的地区带来了生机。

图 5-9 大陆冰川

图 5-10 黄河壶口瀑布

奔流不息——江河之湍

顺着冰川融化的方向向下望去，是水在大陆上的另一种汇集形式——江河。江河是地球跳动的脉搏，它凝结了中华民族的智慧和情愫，在中国的古诗词中把江河与人的悲欢离合联系起来的例子不胜枚举。"孤帆远影碧空尽，唯见长江天际流"传达着朋友之间深切的友谊；"问君能有几多愁，恰似一江春水向东流"流露出无限感伤和愁怨；"忆君心似西江水，日夜东流无歇时"则是表达了时时刻刻的相思之情。

江河之美不尽于寄托情思，看那壮美的大江大河，浩浩荡荡，雄浑壮阔，如箭离弦，如马脱缰，如虎出山。其中之最当属黄河，"黄河之水天上来，奔流到海不复回"，听之如万马奔腾，视之如巨龙鼓浪，以雷霆万钧的气势，从巴颜喀拉山流下，切断腾格里沙漠，好似一把利剑把秦晋高原一劈两半，豁开一道深邃的峡谷。黄河不择细流，所以成其大，汇集了三十多条主要支流的黄河，形成了滚滚泥沙洪流，波涛浑黄而湍急，也只有在此刻才能够真切地感受到黄河的"怒吼"和"咆哮"，幻化成一条游龙而去，左晃右摆，猛烈地左击右打两边的石壁，狂放地奔腾向前，激起层层黄雾。黄河哺育了中华民族的成长，不知震撼了古往今来多少英雄豪杰的雄心，激励了多少仁人志士的斗志！此时耳畔响起那首慷慨激昂的《黄河大合唱》："风在吼，马在叫，黄河在咆哮，黄河在咆哮……"无数优秀的中华儿女唱着这首诞生于波涛之巅的歌曲义无反顾地奔赴前线，挽民族于危亡。

图 5-11 长江三峡

2　江河湖海之美欣赏

　　江河的美还美在它们与山崖的和谐呼应。江河多以青山为依托，随山顺势，蜿蜒曲折地穿过两岸奇峰耸立的河谷，山重水复，幽深莫测；山光水影，相映成趣。比如养育着世世代代的中华儿女的长江，源远流长，美景无数，其中最为壮丽的无疑是它与三峡共同描绘的山水画廊。瞿塘峡内风光秀丽，山势险奇，峡谷窄如走廊，两岸崖陡似城垣，郭沫若曾发出"若言风景异，三峡此为魁"的赞叹，杜甫描绘此处水势："众水会涪万，瞿塘争一门"。巫峡两岸连绵起伏，群峰壁立如屏，奇峰嵯峨连绵，烟云氤氲缭绕，江流在此处曲折前行。西陵峡中险峰夹江而立，峻岭悬崖横空，奇石嶙峋，银瀑飞泻，与湍急的水势和汹涌的浪涛交相呼应。

　　"流水不腐，户枢不蠹（dù）"，江河的运动给人带来生生不息的美感，它的美学生命在于永远的流动。宇宙间万事万物都处于运动变化之中，其中的奥秘就在于一个"动"字，运动让生命力持久，充满生机与活力。

图 5-12　水的动态

巨龙鼓浪——瀑布之势

戴维·利文斯顿在描写瀑布壮观景象的时候写道："那些倾斜而下的急流像无数曳着白光的彗星朝一个方向坠落,其景色之美妙,即使天使飞过,也会回首顾盼。"如此的美景的确是自然山水的完美结合,集形态美、声音美、运动美、力量美于一身。有的飞洒喷薄,有的涓涓下注,有的溢而复折,既有"飞流直下三千尺,疑是银河落九天"的壮美,又有烟雨迷蒙、飘飘洒洒的优美。

图 5-13 悬泉飞瀑

图 5-14 尼亚加拉瀑布

我们欣赏瀑布通常是以仰望的视角，感受瀑布的线条笔直而流畅，一泻千里，银花飞溅。例如站在黄果树瀑布脚下感受它的劲挺矫健，散珠滚玉，气势磅礴。古代著名旅行家徐霞客在数百年前就曾这样赞颂过它"一溪悬捣，万练飞空""盖余所见瀑布，高峻数倍者有之，而从无此阔大者"，黄果树瀑布以其雄伟、壮观名扬四海。瀑布湍流急下，激起的水雾腾空而起，恰似水底冒出滚滚浓烟，腾云接天；升腾而起的水雾，经阳光折射因不同角度而形成各种彩虹，有时呈弧形，从天际插入水中，似长龙戏水，彩桥簇锦，千姿百态，变幻莫测。

同样壮观的还有尼亚加拉瀑布，这一次我们选择从空中俯瞰。尼亚加拉河突然一个急转弯，奔流的河水从断崖骤然陡落，当万顷银涛从天而降，直落深渊时，急流撞击凸出的山岩，水流冲击着谷底的岩床，发出雷鸣般的响声，激起的水花和雨雾直冲云天，如柱状烟云，从很远的地方都能看得见。晴天艳阳射入水雾，一弯七色彩虹高悬在瀑布上空，形成一幅美轮美奂的神奇画面。

除了雄浑壮观的瀑布，还有庐山瀑布秀丽峭拔、长白山天池瀑布飘逸高俊、四川九寨沟诺日朗瀑布如水帘倒挂，它们清丽幽缈，又如银丝缕缕，袅袅娜娜，属于柔情秀丽之优美。

5-15 诺日朗瀑布

瀑布在不同时节呈现出的形态之美也各不同。丰水时，瀑布巨大的水流以银河倾泄、万马奔腾之势直冲向下，呼啸声如阵阵闷雷，声及数里之外。水量巨大，顷刻下泄，有如雷霆万钧。水流溅起的水雾轻扬直上，壮阔恢宏，蔚为壮观。瀑布下岩石层层积叠、犬牙交错，激流从天而降，冲进岩石的缝隙，又从各条岩缝中蹿涌出来，复跌到下层岩石里去，再从更下层的岩石中喷发而出，纵身一跃，才融进滚滚东去的涌流中，令人叹为观止。

等到枯水时，只剩下几股银线般的涓涓细流，透着一股温柔，也别有情趣。到了冬天，随着气温的下降，一些瀑布从上到下都会结冰，成为一座冰桥。各种冰柱垂岩而下，形成千奇百怪的冰雕。在这一时期，瀑布流动减缓，逐渐寂静下来。当阳光灿烂时，冰瀑与阳光交相辉映，七色彩虹时隐时现，景色异常美妙。

5-16 冰冻瀑布

五 黄河之水天上来，奔流到海不复回 087

图 5-17 长白山天池

动中取静——湖泊之静

  并非所有河流的归宿都是奔流入海，一些支流到了相对低洼的地区，就停下脚步，化为静湖。有的湖泊静谧小巧似天镜，有的则清旷无边如大海。湖泊大家庭有许多成员，火山喷发后留下的火山口积水成湖，叫火山湖，如长白山天池，湖水平静晶莹，仿佛一块硕大的蓝宝石；冰川刨蚀出洼地积水成湖，叫冰川湖，如天山天池，古时称"瑶池"，传说是王母娘娘宴请众仙宴饮之处，湖边的那株参天榆树则是降伏水怪的碧玉簪。天池池水清澈幽深，平静如镜，近处的池水表层与大海一样蓝，而深处的池水却蓝中透绿，仿佛有一块巨大的绿宝石静卧在水底。湖面碧波荡漾，引得许多文人墨客题诗赞颂。

  如果说河流是一条玉带，那么静谧小巧的湖泊则是系在玉带上的颗颗珍珠。相比较于江河的流动，湖泊更有着一种含蓄积淀、静谧娴雅的沉稳格调。这种格调尤以水潭型湖泊见长，如我国台湾的日月潭、美国西部俄勒冈州的火山湖。如明镜般的殷殷碧水中虽无景，但山石、树木、蓝天、白云等落入其中形成了美丽的倒影，实物和虚影彼此辉映，有一种"鱼在山中泳，花从天上开"的超越现实，宛如梦境的感觉。

图 5-18 静谧小湖

有的湖泊则不似那般含蓄，一碧万顷的湖面使人联想到包容旷达的胸怀。回首当年杜甫登上岳阳楼，面对着眼前八百里宽阔的洞庭湖，挥笔写下"吴楚东南坼，乾坤日夜浮"的名句，足见其气魄之宏伟、视野之开阔。大湖浩瀚更有甚者，如里海之类以"海"命名的湖泊，即便还未见其景，就已经可以想象这能与大海等量齐观的水域之美。在西伯利亚的大地上，有一轮弯月镶嵌在群山之中，这便是世界上最古老、最深邃、蓄水量最大、生物资源极其丰富的贝加尔湖。"贝加尔"意为"天然之海"，试想一个淡水湖之大竟然可以与海相媲美，那么它究竟有多大呢？如果贝加尔湖是空的，让全世界大小河流都一同流入到这里，大约需要一年的时间才能够装满。

图 5-19 贝加尔湖

图 5-20　美国黄石公园大棱镜湖

　　一些湖泊有它独一无二的奇异之处，例如我们熟悉的死海，即便是不会游泳的人也可以轻而易举地漂浮在上面。一些湖泊则呈现出与众不同的水色，例如澳大利亚的赫利尔湖，湖面呈粉红色，像是一块草莓蛋糕点缀在森林之中。还有我们国家黄绿色的太湖、淡绿色的瘦西湖、灰白色的扎陵湖等。值得一提的是由红、橙、黄、绿、蓝五种色彩变幻组合而成的九寨沟五色湖，它像是宝石一般镶嵌在高原之上。尤其是在九寨沟最为灿烂的金秋时节，山间五彩斑斓的植被倒映在碧蓝色的清澈湖水中，与湖水底部的五色融为一体，像是一幅绝美的山水油画。

图 5-21　九寨沟五色湖

我们的地球是一个水的世界，陆地被海洋分割成了许多块，像是点缀在汪洋中的"岛屿"。

有容乃大——海洋之广

　　远观大海，看似浪平水清，平整如镜，实则涌浪绵延起伏，尤其是当你站在大海的面前，聆听着那从未有一刻停止的浪涛声声入耳，一种律动的美感油然而生。如果说海的声音是一首时而欢快，时而舒缓，时而高亢，时而低沉的歌曲，海浪便是组成这首自然之歌的不可或缺的音符，而且是有性格的音符。温柔的海浪，像是个害羞的姑娘，悄悄地来到岸边，望一望便又害羞地回过头去；汹涌的海浪则完全是另一幅模样，一旦真正地驾船驶往深海，便可感受到它的力量。航行于深海就像是身处于一面宽大的蓝色锦缎上，正有一个巨人从天的那一头扯着它抖动，于是层层的波浪就从远处不断地压过来，此刻不禁感叹，我们人类在自然面前是多么的渺小。

图 5-22　远观大海

五　黄河之水天上来，奔流到海不复回

图 5-23 珊瑚

到海水中去看一看，那里有一个由珊瑚礁构成的五彩斑斓的童话世界。红色的珊瑚像枝条劲发的小树；石芝珊瑚像一颗颗蘑菇；桶状珊瑚像是镶嵌在岩石上的喇叭，它们共同装饰着美丽的海底世界。珊瑚礁就像一座水下森林，上面布满了孔穴和裂隙，为各种各样的海洋生物提供栖居之所，小鱼小虾在珊瑚礁周围悠闲地穿梭，多姿多彩的鱼、海蜇、管虫、海绵，千姿百态。最著名的当属澳大利亚的大堡礁，它是世界上最大的珊瑚礁群，足有三百多种珊瑚，无论形状、大小、颜色都极不相同。从空中俯瞰，透过清澈明净的海水，你可以看到桃红、粉红、玫瑰红、鲜黄等颜色的珊瑚礁，宛如艳丽的鲜花开放在碧波万顷的大海上。

在更深的海底，像是一个巨大的水盆，但并不是像平原一样的平坦，倘若沧海真变桑田，你会发现海底的面貌和我们居住的陆地十分相似。那里也有高大的山脉、深邃的峡谷以及辽阔的平原等。比如位于中美洲的伯利兹蓝洞，就是海洋中众多地形非常奇特的地方之一，中间的深蓝色神秘、深邃，像是大海的眼睛凝视着天空，周围的珊瑚给它镶嵌上一圈白边，从天空俯瞰像是戴了一顶美丽的花环。

图 5-24 蓝洞

图5-25 郑和下西洋纪念邮票

海洋是如此的美丽，吸引着古往今来的人们不断地探索，郑和、哥伦布、麦哲伦等无数先辈早已扬起风帆。可即便我们早已踏上旅程，仍然有许多领域未被探索。迄今为止我们对海洋的探测和了解的范围只是全部海洋的二十分之一，而那些未被探索的领域绝大多数在深海。深海之中究竟还有多少未知的生物？它们分布在哪里？数量有多少？这些问题的答案需要继续探寻。

我们向往大海的蔚蓝、清澈，还有那充满奥秘的海底世界，我们更向往大海笑纳百川的宽广胸怀。法国作家雨果曾说过："世界上最宽阔的是海洋，比海洋更宽阔的是天空，比天空更宽阔的是人的胸怀。"江河入海是无法打破的自然规律，但即便是所有的河流都要流归大海，大海也不会满溢，正如《庄子·秋水》说"万川归之，不知何时止而不盈；尾闾泄之，不知何时已而不虚"，海不因大而自大，所以能怀抱天地，所以我们才时常将海的浩瀚看作是胸怀的宽广，把海纳百川看作是至大至刚的浩然之气。

郑和（1371—1433）

明朝航海家、外交家。1405到1433年，郑和七下西洋，出使过的城市和国家共有30多个。他的大规模远航活动，把中国古代的海洋事业推向发展高峰，为人类的海洋文明做出了重要贡献。

五 黄河之水天上来，奔流到海不复回

3　自然美的体验与创造

审美体验

早在汉代就已经出现了以海洋为主要描写对象和写作题材的文学形式——海赋，例如班彪所著的《览海赋》便是中国海洋文学史上第一篇以大海为直接描写对象的赋作，比曹操途经碣石山观海所著的《观沧海》要早将近二百年。他采用游览的写法，先介绍为什么要去观海。"余有事于淮浦，览沧海之茫茫"，是因为有事才来到海边，驻足欣赏大海苍茫无边、恢宏壮阔，使他感慨不已，不知不觉间产生了与大海一样无边无际的想象……他想到当年孔子泛舟海上，从容而行；想象自己骑上了神话中的大鸟，时而在海面劈波斩浪，时而迎着海风振翅翱翔；想象自己一一拜会天上诸神，同他们一起"骋飞龙之骖驾，历八极而回周"。

班彪的《览海赋》是在看到大海之后的有感而发，通过文学语言对现实的自然美进行加工，并且展开丰富的想象，可谓虚与实的完美结合，为我们描绘了一个超凡脱俗的海洋仙境。我们在欣赏江河湖海等自然美的景致时，也可以学习古人的做法，通过一种文学语言，将美好的瞬间记录下来。

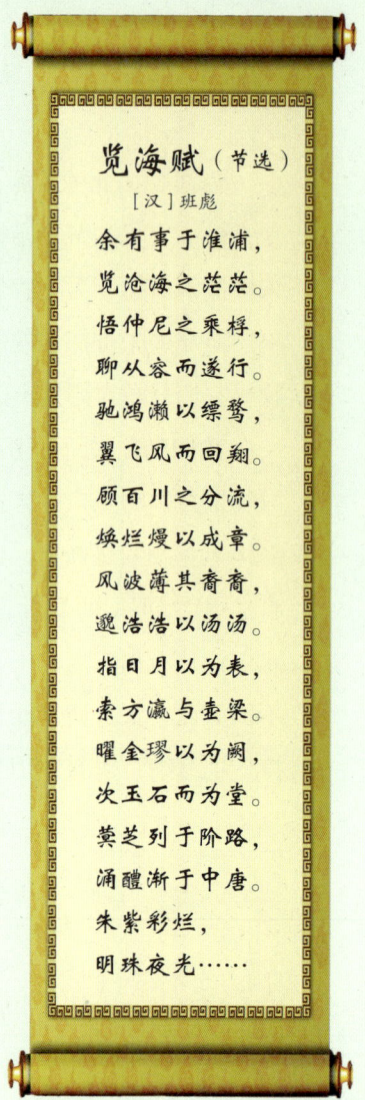

览海赋（节选）

[汉] 班彪

余有事于淮浦，
览沧海之茫茫。
悟仲尼之乘桴，
聊从容而遂行。
驰鸿濑以缥骛，
翼飞凤而回翔。
顾百川之分流，
焕烂熳以成章。
风波薄其裔裔，
邈浩浩以汤汤。
指日月以为表，
索方瀛与壶梁。
曜金璆以为阙，
次玉石而为堂。
蘙芝列于阶路，
涌醴渐于中唐。
朱紫彩烂，
明珠夜光……

图 5-26 美丽的海岛

审美创造

整理本书中描写自然界中与水有关的词语和诗句，同时翻阅其他课外书籍或词典，加以补充。在收集和整理时，试着在脑海中浮现你所感受到的画面。这样的收集和整理方法也适用于体验其他几类自然美，不过只是收集和整理还远远不够，如果有机会可以身临其境地感受江河湖海的魅力，希望你能够把它们灵活地运用，变成自己丰富的知识和独特的经历。

六

枝间新绿一重重，小蕾深藏数点红
——花草树木之美

各种各样的花草树木像是硕大的彩衣，披盖在地球家园的肌体之上。春去秋来，花的绽放与凋谢，草的新生与枯黄，树的生长与倒下，皆是美景。它们的美不仅在于本身美丽的外形、生长的动态和奇异的香味等美的形式要素，更在于它们蓬勃的生命力以及在传统文化中被赋予的优秀品格和美好寓意。

图 6-1 枝头新花

1　郁郁葱葱，万紫千红

植物是生命的主要形态之一，它们色彩丰富，种类繁多。茂密纷繁的植物，遍布山川河流，不论是浩瀚深邃的海洋还是人迹罕至的沙漠，都有它们的身影。植物之美是指给人以审美享受的各种植物所具有的美，是自然美的重要组成部分。具有美的属性的植物种类有很多，为了方便欣赏和理解，我们可以简单地归纳为花、草、树木三个大类，它们的形态、味道、色彩、声音、动静结合的美让人目不暇接。例如，植物的花和叶就是色彩美、形状美的主要体现之处。花朵的颜色有的单纯明丽，有的复合多彩；有的清新素雅，有的浓烈艳丽。而植物的叶大都呈绿色，但不同的绿叶又有不同的韵味，如水仙的嫩绿、竹的翠绿、柳的碧绿，风采各异。不同的花和叶又形态各异，千姿百态。

图 6-2　千姿百态的植物

同时，植物美也是山水风景美的主要组成部分。古人说的"以草木为毛发""山之态在树"，就是指花草树木对山形、山态的影响。植物美不仅为山水风景披上锦绣，更以其勃勃的生命力给大自然增添了无限的生机，给地球注入活力，给宇宙带来生命之光。

图 6-3　向日葵

图 6-4 高贵的牡丹

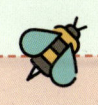

2　花草树木之美欣赏

五彩缤纷——花之艳

　　花，是植物家族中的仙子，是带着香味的精灵，也是人类心中美好、纯洁、希望和爱情的象征。无论是在它们含苞待放的时候，还是在竞相盛开的时候，甚至是残花满地的时候，都会被文人称道、被世人欣赏。花的颜色五彩缤纷，桃红李白，梨花似雪，杜鹃仿霞，芍药粉红，石榴花如火，葵花色泽金黄，玉兰白中带绿，清丽脱俗……百花争奇斗艳，姹紫嫣红。花从来不孤独，有身边的叶与茎默默奉献，深浅不一的绿色衬托出"万绿丛中一点红"，红花绿叶，掩映重叠。

　　在春天的这场色彩比拼中，有"百花之王"美誉的牡丹，凭借娇艳的色彩独占鳌头。洛阳牡丹久负盛名，宋代欧阳修在其所著的《洛阳牡丹图》一文中称："洛阳地脉花最宜，牡丹尤为天下奇"。牡丹是中国传统名花，每年谷雨时牡丹盛开，花朵硕大，花瓣肥厚，色泽艳丽，雍容华贵，富丽堂皇。你看那灼灼如火的洛阳红、玉骨冰心的夜光白、端庄秀丽的姚黄魏紫、色如叶绿的"豆绿"，沉稳大气的"冠世黑玉"……仿佛牡丹将彩虹披挂在身，揽尽了世间所有色彩，真可谓"唯有牡丹真国色，花开时节动京城"。

六　枝间新绿一重重，小蕾深藏数点红

图 6-5　紫红相间的倒挂金钟

图 6-6　五角形的桔梗花

　　花不只在色彩上姹紫嫣红，在花型上也是千姿百态。大约二十五万种被子植物中，就有二十五万种花的式样。花的形状各异，比如有五角形的桔梗花，六角形的牵牛花，扇形的红掌花，椭圆形的倒挂金钟。花的大小也不一，有几米长的大王花，也有小如米粒的米兰花。花瓣有多有少，有一个花瓣的马蹄莲，也有五个花瓣的鸡蛋花，还有层层叠叠数不清花瓣的菊花。花瓣的排列方式也不相同，桔梗的花瓣相互靠近但不覆盖，沙参的花瓣边缘微微向内弯曲，蜀葵的花瓣却又向外弯曲，黄栀子的花瓣旋转在一起，彼此重叠成回旋形状，山茶花则像瓦片搭房子，花瓣边缘彼此覆盖，在最外面才露出整片的形状。

图 6-7　樱花在蓝天下飘舞，似是一场粉色雪花

　　花可以美得安静优雅，也可以美得活泼可爱，不论是悄然花开，还是随风飘落，皆是动态的美。你听，花开的声音，轻轻地，花瓣缓缓地打开，像猫咪在伸懒腰，花蕊像蚂蚁的触角静静地伸长，花瓣慢慢地舒展开来，露出里面嫩嫩的花蕊。

　　樱花盛开之时，日本吉野山的樱花树遍布山野，从远处看，樱花海如云似霞般炫目，不时引来一只只彩蝶绕花盘旋，花掩蝶、蝶恋花，两种景物融为一体，引人沉醉。当清风吹过，樱花便纷纷散落，像是下了一场纷纷扬扬的小雪，轻红、粉红、雪白的樱花错落缤纷，在空中翩翩起舞。樱花的美在于盛开时的热烈，更在于它怒放后纷纷飘落时的那种清高、纯洁和果断的壮烈场面。

图 6-8 薰衣草花海

不同的鲜花有不同的美感，前面提到它可因色彩艳丽而美，可凭仪态万千而美，可因花开花落的动态而美，还有一种美更让人如痴如醉——香气馥郁的美。

夏季法国普罗旺斯的薰衣草庄园一片紫色，充满了浪漫的气息。悠远的香味像紫色的烟雾缭绕在烟紫含着钴蓝的花苞上，淡雅温和、又悠远深邃，带着微醺的风将香气远送，安抚烦躁的情绪，于是，整个法国都浸泡在紫色的浪漫之中。

香味就像一朵花的性格，玫瑰香气高雅，温暖浪漫，透着无穷无尽的爱意与甜蜜；山谷中的百合，优雅中带着甜美香气，淡雅幽香，清新别致；郁金香清爽干净，自然舒畅，略带香甜；洋甘菊则带着苹果般的香气，清清凉凉；茉莉花香芬芳浓郁，香型独特，古人称其为"人间第一香"。一曲民歌《茉莉花》可谓是唱出了满树花香，传颂世界，成为中国文化的代表元素之一，也被誉为"中国的第二国歌"。这些沁人心脾，令人心旷神怡的花香还有着舒缓神经的功效。

图 6-9 茉莉花

> 予独爱莲之出淤泥而不染，濯清涟而不妖，中通外直，不蔓不枝，香远益清，亭亭净植，可远观而不可亵玩焉。
>
> ——周敦颐《爱莲说》

图6-10　莲花

> 秋菊有佳色，裛露掇其英。泛此忘忧物，远我遗世情。
>
> ——陶渊明《饮酒·其七》

图6-11　菊花

　　世人赏花除了观其色香形美，更重要的还有对花之品格的鉴赏。周敦颐在《爱莲说》中对荷花的高洁品质给予高度评价，赞美它能在污浊的环境中保持纯洁本性，不与世俗同流合污无疑是一种杰出的品质。陶渊明则对秋日菊花情有独钟，赞其丽而不娇，不随百花枯萎，就如同避世超脱的高人隐士。赞美梅花在严冬季节傲雪斗霜的诗人更是不少，王安石用"墙角数枝梅，凌寒独自开"赞美梅花不畏严寒；陆游用"雪虐风饕愈凛然，花中气节最高坚"赞美梅花高坚的气节。在他们笔下的梅，临风寒劲，挺傲然铁骨，遇冰承雪，更添飘然风仪。

　　人们还喜欢借用花语来表达感情，送爱人红玫瑰表达"热情真爱"，送母亲康乃馨表达"感谢与祝福"，送朋友紫罗兰表达"心地坦荡，友情为重"……自然界的花世界蕴含着无穷的审美文化语言，也是我们在文明社会与人交际的一门生活必修课。

生意盎然——草之绿

"天涯何处无芳草",小草是一种再普通不过的植物了,无声无息地在有序的节奏和韵律中,年复一年地将绿意铺满大地。无论是在风尘弥漫的路旁,还是在荒凉贫瘠的山冈,甚至在窄小阴湿的石缝里、在那摇摇晃晃的墙头上,你都能看见它的身影。"离离原上草,一岁一枯荣",春夏季节,草原上绿草如茵,满眼是小草的勃勃生机和旺盛的生命力;秋冬季节,草原一片枯黄;大雪过后,是一片白色莽原,当然在茫茫雪被之下,小草仍然以独特的方式顽强地活着,等待来年春天时再现生机。草以娇弱的身躯去顽强适应恶劣的生存环境,扎根泥土,不屈不挠,这难道不是我们应该学习的生活态度吗?

图 6-12　石缝之间顽强生长的小草

图 6-13　绿意盎然的小草

小草的植株及叶片形态多样，株高从几厘米到数米不等。有的高大挺拔，如竹子；有的矮小柔弱，如酢浆草；有的亭亭玉立，如苦草。叶形有线形、披针形、圆形、心形等，叶片上还有横纵条纹、斑点、人形褶皱等图案。叶边缘有的光滑圆润，有的呈波浪状，有的长着丝状绒毛，有的隐藏着小勾倒刺。

虽说小草大多为绿色，可就连绿色都是浓淡相宜，层次丰富。有"天街小雨润如酥，草色遥看近却无"的嫩绿，也有"晴川历历汉阳树，芳草萋萋鹦鹉洲"的深绿。还有醒目的翠蓝色、白色、金色、红色的小草，比如紫红色或灰绿色的盐角草、紫红色与绿色夹杂的藜、淡黄棕色的地丁草、粉红色的豹纹红蝴蝶、彩虹圆叶等等。还有叶片经秋变成红、黄、橙等艳丽色彩的雾冰藜、芒草、紫地杨梅等。草叶片的颜色随着季节变化，从春季的淡绿到秋天的金黄，即使在冬季，霜露和冰雪落在叶片上也景色别致，带来无限的生机。

图 6-14 倒心形酢浆草叶

图 6-15 深绿色与浅青色小草对比

六 枝间新绿一重重，小蕾深藏数点红

图 6-16 夕阳下的芦苇

　　草的一静一动都带着韵律和生命的活力。小草成长，用嫩嫩的草尖拨开泥土，一点点拔高，嫩叶慢慢抽出，轻轻巧巧。微风吹过，草的叶片前后摆动，线条明快，摆弄成各种造型，沙沙作响，体现出草的柔韧与纤弱。在大草原，"天苍苍，野茫茫，风吹草低见牛羊"，成片的草随风起伏跌宕，如同浪花翻滚，尽情展现动态美感。

　　若说草之动态美最明显的体现，当属芦苇。陕西洽川湿地芦苇荡一望无垠，芦苇高挑纤细，一棵挨着一棵，密密麻麻一片。芦苇修长的茎上点缀着细长针形的叶，交错丛生着微凸的节。越往顶端，茎越光滑细弱，芦花成穗状，布满了细细碎碎的白色绒毛，仿佛一吹就散了。芦苇春天破土发芽噌噌往上蹿，夏天拔节展叶郁郁葱葱，秋天抽薹吐穗婀娜摇曳，冬天便羽化成亭亭妩媚如雪似云的芦苇荡，绵亘千里，一望无际。一阵风吹过，芦花便漫天飞舞，在土地与天际之间无拘无束地延伸穿越。

图 6-17 芦苇荡

图 6-18 竹海

  "草发成苑，树茂成林"，竹子自古就称"林"，似乎应属树类。其实不然，草木之别的关键要看是否有"年轮"。木本植物每过一年，茎干的横断面便增添一圈同心轮纹，然而锯断竹子看，里面却空空如也，由此便可知竹子是"草"。竹子高大挺拔，苍翠俊朗，顶天立地，"一丛阔数步，森森数十茎。长茎复短茎，枝叶不峥嵘"。密集的竹子形成一道道翠绿的屏障，形如一片碧海。你是否看过电影《十面埋伏》中，重庆永川茶山竹海那一场江湖的打斗？侠客在竹林间穿梭，剑气四散，伴随着震撼人心的《十面埋伏》琵琶曲，竹叶飒飒落下，四散飞舞。

  竹子挺拔、修长，四季青翠，傲雪凌霜，备受中国人喜爱，与梅、兰、菊并称为"四君子"，与梅、松并称为"岁寒三友"，古今文人墨客，爱竹咏竹者众多。梁·刘孝先的《竹》："竹生空野外，梢云耸百寻。无人赏高节，徒自抱贞心。"赞美其高风亮节，正直清高，虚怀若谷。

草，与人们的生活也紧密相连，例如水稻、麦子、玉米等草本植物为人类提供生活延续的食物。野草可喂养牲畜，美化环境，还能制造大量氧气和防止水土流失。香草，也叫芳香植物，是具有药用植物和香料植物共有属性的植物类群。

图 6-19　可食用的香草

全世界有3000多种香草，薰衣草、迷迭香、百里香、藿香、香茅、薄荷、九层塔等为著名的品种。香草既有多姿的形色，又有诱人的芳香。这些香气有的可以杀菌、消毒、驱虫，有的可调节中枢神经，对人体健康非常有益。如香薄荷可醒脑提神，红罗勒可治咳止泻，它们既丰富了饮食趣味，又有了食疗的作用。"扈江离与辟芷兮，纫秋兰以为佩"，爱国诗人屈原将香草佩戴在身，以此映衬高尚的情怀、不俗的情趣。

图 6-20　麦田

图 6-21 茂密树林

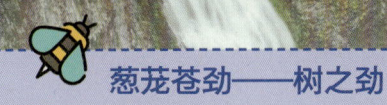

葱茏苍劲——树之劲

在天地之间，还存在着一个奇异的树木王国。树木是一种高大的木本组织植物，有乔木、灌木和木质藤本之分。一般将乔木称为树，树有明显直立的主干，植株一般高大，分枝距离地面较高，可以形成树冠。树木生长迅速，展示给我们枝干的多姿之美、树叶颜色的变化之美、落叶纷飞的动态之美、秋季果实成熟的喜庆之感、冬季的萧瑟之美与苍凉之美等等，都待我们走进树的身边、走进森林去发现。

树主要由根、干、枝、叶组成，其中树根埋藏在漆黑的地底，它虽然默默无闻，却是不可忽略的重要部分。你看那如蟠龙一般的古榕树根，向着养分更多的地下深入，盘综错节，蜿蜒有力，像个百岁老人捋着长须。即使是悬崖峭壁、石山缝隙、戈壁沙漠，树根也能扭曲自己，让树木成长。有的树根还能成为漂亮的根雕材料。

图 6-22 独木成林

六　枝间新绿一重重，小蕾深藏数点红　　109

树叶的大小各异，形态万千。像苏铁、棕榈、椰子的树叶有一米至数米，也有像侧柏、柽柳、木麻黄等鳞形叶类的树叶小到只有几毫米。银杏树的叶子酷似一把展开的小扇子，似乎一扇就能带来秋天的凉意；枫叶像一个小巴掌，每一根手指都长满了锯齿；梧桐叶则是爪型的，像鸭子的脚掌。树叶叶面上的脉络也十分漂亮，纵横延伸，纹路清晰，各成花纹。树叶的质感也有差别，有的薄薄的像纸张一样易碎，有的肥厚像皮肤一样有弹性；有的摸着粗糙，有的摸着滑腻。

图 6-23 叶的脉络

树的色彩之美，体现在树叶四季的变化上。宋代郭熙在其《林泉高致》中形容由不同颜色的树叶装点的四季山色："春山淡冶而如笑，夏山苍翠而如滴，秋山明净而如妆，冬山惨淡而如睡。"春夏之际，树木苍翠，林荫歇凉，等到九十月份，树叶的颜色便开始由绿色变为黄色、红色，仿佛在告诉我们秋天来了，"一叶知秋"便是这个道理。

　　秋日里最为靓丽的颜色应是银杏叶的黄和枫叶的红。秋天，银杏叶子是金灿灿的色泽，满目的金黄色似一群群黄色的蝴蝶在翩翩起舞，落叶像是在地上铺上一层厚厚的黄金，成为一条金色的黄金大道。而在号称"枫叶王国"的加拿大此时已经是一片火红了，像一团团火焰在绚丽地燃烧着。著名的"枫叶大道"在抵达尼亚加拉瀑布的沿途，穿越峡谷、河流、山峦和湖泊，红枫处处，景致非凡。杜牧《山行》中的名句"停车坐爱枫林晚，霜叶红于二月花"，更是给秋岚红叶的美景增添无穷的发人深省的文化底蕴。

　　到了深秋时节，更有落叶纷飞的动态美让人难以忘怀。枯黄的叶、火红的叶、金黄的叶……纷纷挣脱树枝的桎梏跳落下来，轻飘飘地在林中打转，斜飞的、螺旋着转圈的、安静降落的像百灵鸟一样轻盈地落在土地上，献出最后的余晖，化作了春泥。余下的树叶像在挽留或赞美，微微晃动，发出沙沙的声音，在秋天的安静里歌唱。

图 6-24　火红的枫叶小道

图 6-25　落叶后的树木

　　冬季，耐不住寒冷的植物已经枯败凋零，余下遒劲的枯枝，在寒风中顽强地耸立着。这时，就凸显出树木的枝干美、线条美。柏树的主干挺拔，没有一点弯曲；桑树弯弯曲曲，像一个驼背的老人；柳树剩下赤裸的灰色的枝，像无数条鞭子在晃动。

　　在内蒙古草原最西端的额济纳旗，有世界上连片存活面积最大的胡杨林。胡杨不仅耐寒、耐旱，还耐盐碱、抗风沙，世人称它们"活一千年不死，死后一千年不倒，倒后一千年不朽"。漫漫荒原之上，浩浩朔风之中，它把壮硕的身躯依偎在砾石和黄沙里。体态魁梧，钢筋铁骨，不畏不惧的胡杨以艰难生存的姿态挺立着，那豪气和雄韵，给人们带来的不仅仅是视觉的冲击，更是一种心灵的震撼，让人不能不尊重生命的价值，不能不审视生存的态度，不能不珍惜生活的点滴。看到胡杨，就好像看到了驻守在边关的战士，铁血无私，屹立不倒。胡杨的性格犹如我们坚毅、刚强的中华民族，在任何艰苦卓绝的时候都能傲然挺立！

图 6-26　枯枝遒劲

花草树木自成美景，既是大自然的馈赠，也是人类生存的依靠。例如中药便是中国劳动人民几千年来与疾病做斗争的过程中不断认识和积累的医药知识。从神农尝百草著《神农本草经》到李时珍的本草巨著《本草纲目》，再到当代的《药学大辞典》《中国民族药志》，都一笔一画记载了植物对人类生命的贡献。有的花、草、树的各个部位都能入药，例如山茶的花、藏红花的花柱、淡竹叶的全草、山桃的嫩枝、地枫的树皮、苏木的树心、当归的根茎、决明的种子……

在这些优秀传统文化留给我们的宝贵财富之中，有一项非常重要的发现，便是葛洪在《肘后备急方》中提到的煮食青蒿治疟疾。诺贝尔生理学或医学奖获得者屠呦呦正是从青蒿中提取了青蒿素，发现了青蒿素治疗疟疾的新方法，为人类医药事业做出了巨大贡献。巧合的是，她的父亲引用"呦呦鹿鸣，食野之苹"中的"呦呦"为她取名，不曾想这其中的"苹"（艾蒿）便是日后屠呦呦重要的研究对象。古代神话传说中还有许多这样充满传奇色彩的植物，一种植物便是载着一个传奇、一种文化。继承与发扬传统文化，爱护植物与生态，保护这多样性的植物世界，才是真正的世界和谐之美。

图 6-27　中医药材

屠呦呦，女，药学家，中国中医科学院的首席科学家，第一位获得诺贝尔自然科学奖项的中国本土科学家，第一位获得诺贝尔生理学或医学奖的华人科学家。多年从事中药和中西药结合研究，突出贡献是发现青蒿素治疗疟疾的新方法，挽救了全球特别是发展中国家的数百万人的生命。

六　枝间新绿一重重，小蕾深藏数点红

3　自然美的体验与创造

审美体验

被雨打落的花瓣与树叶掉落遗弃，你是不是觉得很可惜呢？送给爸爸妈妈的花朵枯萎后丢掉是不是觉得很伤心呢？在旅行中捡回来的具有纪念意义的树叶是不是想永远保存呢？接下来我们一起来看看如何做一个具有美感和珍藏意义的书签吧！

第一步：选择一片完整的、比较平整的树叶。

第二步：将树叶展平，用厚重的过滤纸或者其他吸水性强的纸夹住，放到通风的地方风干，方便收藏。

第三步：开始设计书签的草图，将树叶进行合理搭配，有的太薄的树叶不适合直接保存，需要垫上一张漂亮的纸，还要注意纸的颜色、花纹、质地都要合理搭配，然后可以加上它的名字、采集的日期、一段诗句或者格言。

第四步：拿到照相馆用给照片塑膜的塑封机将设计好的书签塑封起来，这样便可以更长久地保存下来，不会被损坏。

第五步：按照设计将塑封膜剪成树叶的形状或是其他形状，还可以在叶柄处打一个小孔，选一根与树叶颜色相协调的彩线穿起来，这样一个美观、独一无二的书签制作就大功告成了！

图 6-28　树叶造型之书签
作者：王琼

按照这个步骤自己做书签是不是特别简单呢？我们还可以将不同种类的树叶、花瓣互相搭配起来，设计一个有主题的漂亮图案。当然我们不能够因为制作书签而随意采摘花卉和树叶，要尽量用树上掉落的树叶哦。快来一起动手吧，做一个漂亮而有意义的书签。当我们打开书本的那一刻，除了对知识的惊喜，还会因为自己的作品而高兴呢。

审美创造

你可以这样做：世界上有许多我们不认识的野花野草，在手机上下载一个识花软件，走到哪里就能拍到哪里，随时认识更多的植物。也可以去图书馆查找植物图鉴，看看各种花草树木的特色和功效，更好地认识它们。越了解，你将越喜欢这些小生命，更加愿意保护它们，爱护它们。

你也可以这样做：从一粒小小的种子发芽到成长，从矮小的树苗到高大的树木，体验生命成长的奥妙，是不是特别惊喜与神奇呢？找一个风和日丽的日子，跟随父母出去植树吧！选一棵树苗，查找该树苗种植、成长的注意事项，将它种在土地里，为世界献出一点绿意。如果不方便植树，也可以将吃剩下的水果种子收集起来，培植成小小的盆栽。

图 6-29　盆栽

六　枝间新绿一重重，小蕾深藏数点红

t

海阔凭鱼跃，天高任鸟飞
——虫鱼鸟兽之美

在我们的星球上，同人类朝夕共处的生命家族，便是动物和植物。江河湖海、原野森林、广阔天空，处处可见动物的身姿。自然界中的虫鱼鸟兽，其多样的姿态、丰富的色彩以及同人类密切的联系构成了生命世界的美。

图 7-1　击水翱翔

1　万物相伴，生生不息

我们常说：动物是人类的朋友，其中包含了肉眼难以分辨的昆虫、数十米长的蓝鲸，也包括翱翔九天的猎鹰、潜入深海的怪鱼，它们以其具有的体态丰富了自然，以其色彩美点缀了自然，以其声音美歌唱了自然，以其象征美连接着人与自然的精神沟通。动物的美与山水、与日月交相辉映互相衬托，给人以审美情趣，在自然美的领域画上一笔重彩。美国科普专栏作家纳塔莉·安吉尔在她的《野兽之美》一书中这样写道："人类之所以生存得如此美好，是因为地球上还有许多鸟兽虫鱼始终伴随着我们。芸芸众生自有其存在的理由和生命的秘密，同样也有其兴衰的悲欢和灭绝的宿命。"而现在的茫茫宇宙中，也只有它们和人类一起演化着地球的传奇、生命的美。

图 7-2　生命在超越

2　鱼虫鸟兽之美欣赏

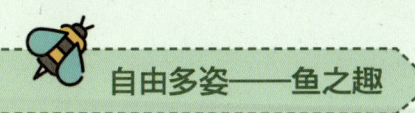

自由多姿——鱼之趣

图 7-3　聪明的海豚

俄国科学家门捷列夫曾这样描述，在我们的古代神话中经常谈到海洋，这表明人类有一种本能的愿望，想从森林和草原上奔向自由而温暖的海洋。海洋是我们的世界中最漂亮的一部分，海洋美得让人窒息，它充满生机，色彩鲜艳，处处都是诱人的艺术。绚烂的深海水，可爱的鱼，惊艳的珊瑚、软体动物，色彩鲜明的海洋动物吸引了无数热爱自然的人和摄影师深入海底，只为一睹这世上精彩、漂亮的一部分。

遍布全球的水域养育了各种各样的鱼，它们形体各异，大小不一。纺锤形的鲤鱼草鱼，是最常见的鱼，体型浑圆、壮硕、有力，水中游动时极为灵活。侧扁形的武昌鱼、胭脂鱼，从侧面看为菱形，前后却又似纸片般瘦弱。平扁形的鳐鱼、琵琶鱼、比目鱼，上下扁平，游速较慢却拥有极强的机动性，能快速地水平旋游。圆筒形的泥鳅、带鱼，胸鳍几近退化，身体细长，不善游泳却能潜入泥沙或礁石洞穴。当然也还有其他稀奇古怪的形状，比如像树枝一般的叶形海马、像盒子一样的马头鱼、能够迅速吞入空气而形成球状身体的河豚等。

图 7-4　"胀气"的河豚

七　海阔凭鱼跃，天高任鸟飞　119

图 7-5　鲸
　　鲸虽是海洋中当之无愧的庞然大物，却仍能跃出海面。

　　近乎完美的对称、流畅的线条赋予了鱼类生命以形态之美的同时，也赋予了它们动态之美。柳宗元在《小石潭记》中这样写道："潭中鱼可百许头，皆若空游无所依，日光下澈，影布石上，佁然不动；俶尔远逝，往来翕忽，似与游者相乐。"其大意为，潭水中的鱼儿好像都在空中游动，它们的影子映在水底的石头之上。呆呆不动的鱼儿忽然向远处游去，来来往往，轻快敏捷，好像在和游玩的人逗趣。鱼儿们不仅在山野小溪中悠然自得，还能在断崖瀑布中飞跃龙门，甚至有飞鱼可以用鱼鳍"翱翔"。

图 7-6　飞鱼
　　长着"翅膀"的飞鱼，可以以每秒十米的速度滑翔。

江山如画——自然美

图 7-7 泰国斗鱼

　　不同水域给予了鱼儿五彩缤纷的外衣，鱼鳞在阳光的照耀下闪耀着亮光。热带和亚热带水域养育了体色艳丽、形态各异的鱼类，它们和五彩缤纷的珊瑚礁交相呼应，共同描绘了美丽的浅海世界。例如泰国的斗鱼，有着绚丽的尾部，花纹层层相接，带着水彩晕染的美丽清透的纹路，远胜过人工雕琢。斗鱼红白相间的瑰丽长尾像华丽礼服的裙摆，艳丽似锦。尤其是在白色背景下，鱼儿更像是从画中游来。

　　神仙鱼鱼体呈圆盘形，侧扁，其体色多以红色、棕色、蓝色为基调的七彩，并以红、黄、蓝、绿、黑、棕、白、紫色等为点缀，花色繁多、美不胜收，素有"热带鱼王"的美称。

图 7-8　七彩神仙鱼

七　海阔凭鱼跃，天高任鸟飞

图 7-9 彩蝶

精致小巧——虫之灵

昆虫出现于距今约 4 亿年前的地球上，其数量占据了动物总数的近百分之八十，种类繁多、形态多样，且习性各不相同。昆虫在生物圈中扮演着很重要的角色，许多花需要得到昆虫的帮助才能传播花粉。

我们都曾与昆虫亲密接触，在庭院、森林、水面、水中，甚至高空或地下，与那些春天郊外飞舞的彩蝶、夏日林间高唱的蝉、秋天草丛灵动的蛐蛐、冬天屋内扑火的飞蛾擦肩而过。在法国著名昆虫学家法布尔的笔下，松树金龟子是"暑天暮色中的点缀，是镶在夏至天幕上的漂亮首饰"；萤火虫是"从明亮的圆月上游离出来的光点"。

让-亨利·卡西米尔·法布尔（1823-1915）

法国昆虫学家、动物行为学家、作家。被世人称为"昆虫界的荷马""昆虫界的维吉尔"。他不知疲倦地从事独具特色的昆虫学研究，把劳动成果写进著作《昆虫记》。

一些昆虫的色彩看似不如花朵般美丽，因为那是它们的保护色。例如有些昆虫经常混入与自身体色相近的环境中进行觅食等活动，人们很难察觉到它们的存在。昆虫面临危险时采取的自卫方式还有很多，除了具有保护色，有的昆虫用它们的体色警示别的动物不要靠近，像是蜂蝇伪装成类似马蜂的颜色来躲避天敌。

图 7-10 蜂蝇

昆虫与猛兽相比要小得多，但身体上却长着许多奇怪的部分，例如翅膀、复眼、触角和发光器等等。

翅膀

许多昆虫都长有透明的翅膀，有的是像蜜蜂一样露在外面，而有的则悄悄地藏了起来，例如平时看起来圆滚滚的瓢虫，在其外壳下也长有翅膀，必要时供瓢虫飞行使用。

复眼

长有复眼造就了昆虫视觉的独特性，昆虫能看见人类和绝大多数动物都看不到的紫外线，而有些花瓣可以反射紫外线，昆虫就能依靠这种独特的视觉找到花蜜和花粉。

触角

这是昆虫的主要感觉器官，帮助昆虫探明前方是否有障碍物，寻找食物和配偶。有些昆虫也经常用触角与同伴交流信息。

发光器

这个身体部位属于仲夏夜之梦的使者——萤火虫。每逢太阳西下、夜幕降临的夏夜，成千上万的萤火虫便开始点亮灯笼，在寂寥的林间、田野上演着光与影的小舞曲。黑暗中星星点点，让人有种梦幻般的感觉。

图 7-11　昆虫的翅膀

图 7-12　夏夜萤火虫

七　海阔凭鱼跃，天高任鸟飞

有些昆虫往往经历几个生命阶段，就像我们人也要经历婴儿、幼儿、少年、青年等生命历程一样。这些昆虫在不同的阶段，形态、体质、习性等差异也非常大，最典型的就是我们熟悉的蝴蝶。蝴蝶是自然界美丽的昆虫，它以优美的身姿，轻盈的体态，深深惹人喜爱。它飘舞于花丛之中、溪畔泉边，被人们喻为"会飞的花朵""大自然的舞姬"。而蝴蝶的生命则经历了完全不同的四个阶段，从最初的幼卵到虫，而后结成蛹，最后破茧成蝶，实现完美蜕变。

图 7-13 卵

图 7-14 虫

图 7-15 蛹

小蝴蝶虫挑选结蛹的地点是很挑剔的，需隐蔽、结实。找到合适的地点后，小毛毛虫开始吐丝固定自己的身体，然后蠕动身体进行最后一次蜕皮。几天后新的身体表面开始变硬，颜色也与周围环境一致了，便开始准备以休眠的状态度过漫长寒冷的冬天。当冬去春来，万物复苏之时，便褪去硬壳，变成美丽的蝴蝶。

图 7-16 漂亮的蝴蝶

图 7-17 轻灵而优雅的小鸟

轻灵优雅——鸟之美

如果只是站在一幅山水画卷的面前欣赏，总觉得少了一些灵动，少了一些能让山水活起来的鸟鸣，正如南朝梁·王籍在诗中写道的一句"鸟鸣山更幽"，是鸟儿的轻灵增加了大自然的盎然乐趣。

鸟儿之间相互对话像是在唱歌一般，婉转悠扬。你听！树林里唱起了悦耳的歌，黄莺唱响了小歌唱家们起床的号角。天生的歌唱家百灵鸟和布谷鸟，用各种不同的鸣叫声搭配演奏，欢快的调子像叮咚的泉水，流畅至极。"咯咯""咕咕""吱吱啾啾""唧唧啾啾"，大伙儿都来了，嘹亮和谐的音乐在林中弥漫荡漾，演奏会就要开始。一首《百鸟朝凤》便是民间艺人将百鸟齐鸣的欢快场景融入唢呐的演奏之中，传递出喜庆吉祥的美好祝福。我们仿佛听到布谷鸟、鹧鸪、燕子、山喳喳、蓝雀、画眉、百灵、蓝腊嘴等鸟儿的欢快叫声，给人以亲近自然、融入自然的审美享受，在热烈的气氛中体现了广大的劳动人民辛勤之余对生活的热爱，同时林间小精灵声音之美也足以让人心生向往。

图 7-18 四大名鸟之———画眉

七 海阔凭鱼跃，天高任鸟飞

图 7-19 小型鸟类的翅膀精致而光滑

在不断进化和适应自然的过程中,鸟儿有了最适合生存的身体器官——翅膀,使它们能搏击长空,也能雀跃枝头。鸟的翅膀上长有特殊排列的飞羽,当翅膀展开时,每根羽毛都略有旋转能力,使鸟儿快速飞行并能控制方向。

人类一直羡慕鸟类,向往拥有能够翱翔的翅膀。例如在许多世界名画中,都出现过长有翅膀的精灵或天使,他们被赋予了美好的寓意。此外,为了能够像鸟儿一样翱翔,人类模仿着鸟儿翅膀的形状和工作原理,发明了翱翔机、飞机等等,都显现了人们对天空的渴望。

但有一些鸟特别例外,它们的翅膀已经退化到如短小的手臂一般,不能够展翅飞翔,例如南极"绅士"——企鹅便因此拥有了更加可爱的体态,走起路来一摇一摆。

企鹅是现存不能飞行却能潜水的鸟类之一,它们的头、颈、背、翼都是黑色的,但胸前和腹部却是白色,像穿着燕尾服的绅士。成群结队、憨态可掬的企鹅给南极这片寂寞的冰雪世界带来了生机。

图 7-20 企鹅

江山如画——自然美

图 7-21 孔雀开屏

图 7-22 孔雀羽毛特写

  鸟儿身披羽衣，或色彩绚丽，或花纹独特。欧洲翠鸟拥有铁蓝色的喙，栗橙色的身体；海燕则一身黑色体羽，衬以白色的腰羽，似绅士一般优雅；还有洁白恬静的白鹤、五彩斑斓的蜂鸟……鸟儿们竭尽所能完成颜色的搭配，给自然带来多彩的神韵。中国神鸟凤凰的原形据说来源于一种美丽的鸟类——孔雀。雄孔雀头部到躯体再到硕大的尾羽，像是被自然大师精心雕琢过，用粗细、大小、方向不同的色彩进行点、线、面有序排列，产生了不同的美感。蓝孔雀是常见的孔雀，它通体翠蓝绿色，头顶一簇羽冠，背部是幽幽的翠绿色，腹部则是鳞片状纹路的羽毛，其间又有初级、次级飞羽，皆有暗褐色羽缎，亦有虫状棕色斑纹且富有光泽。最精彩的莫过于雄性蓝孔雀尾后长达一米多的尾羽，当其开屏之时，便能看见羽端似眼睛一样的斑点，层次分明，极为醒目。

七　海阔凭鱼跃，天高任鸟飞

图 7-23　和平鸽

图 7-24　徐悲鸿《松鹤图》局部

鸟还是人类的朋友，在漫长的历史过程中，鸟儿承载了诸多的人类的情感，被赋予了许多美好的寓意。例如"鸳鸯戏水"是以鸟类在水中成双成对嬉戏的现象来表达对爱情的美好向往；"寄雁传书，"则是用那些不远千里展翅高翔的鸿雁遥寄思念之情。

鸽子是和平、友谊、团结、圣洁的象征，经常作为和平的使者，"国际和平年"的徽标，就是用橄榄枝围绕着双手放飞一只鸽子的图案，让人们牢记战争的不幸，珍惜和平，热爱生活。

白鹤常被称为"仙鹤"，谐音为"贺"，也是鸟类中最受中国文人喜爱的一种鸟，代表着长寿和富贵。仙鹤独立，翘首远望，姿态优美，色彩不艳不娇，高雅大方。在诸多文学作品中，例如"鹤龄频添开旬清健，鹿车共挽百岁长生"，都以白鹤来寓意百岁长生，表达自然之于父母的恩德，以喻对伟大亲情的赞祝。

江山如画——自然美

图 7-25 虎与子

刚柔并济——兽之犷

森林和草原是野性的国度，壮阔的风景和奇特的地貌，为那些自由自在的野生动物们提供了优越的栖息之所。它们在广袤的土地上自由驰骋，如钢铁洪流般的角马家族、伺机而扑向猎物的狮子、合力围剿敌人的狼群等，都在展现着大自然最野性的一面。

《尔雅·释鸟》曰："四足而毛谓之兽"，因而兽的基本外形特征有四足、有毛发，后泛指四足哺乳动物。兽类的形体健硕，肌肉强健有力，大多表现出粗犷的力量与速度之美，奔跑则是二者的完美结合。例如骏马是天生的奔跑者，先是扬起身姿长啸一声，重重地踏在草地上，转而驰骋草场，鬃毛飘扬。而猎豹更是号称"短跑之王"，它的时速可以与汽车媲美。如果人类的短跑世界冠军和猎豹进行百米比赛的话，结果是不言而喻的。别小看犀牛，腿短体肥，身披"铁甲"，看似极其笨拙，飞奔起来也丝毫不逊色，仿佛大地都跟着一起震动。

图 7-26 马踏飞燕

七 海阔凭鱼跃，天高任鸟飞　129

图 7-27　大熊猫

也有一些兽类表现出一种憨厚、可爱的美感,例如我们的国宝大熊猫。圆圆滚滚的大熊猫很是逗人喜爱,它的脸型似猫那样圆胖,但整个体型又像熊。黑白相间是它的显著特征,头部和身体是白色的,眼睛周围、四肢、耳朵和肩部是黑褐色的。特别是那一对黑黑的眼圈,长在白白的脸上,像是戴着一副眼镜。再加上那缓慢摇摆的动作和走起路来东张西望的神情,显得非常可爱。

熊猫是中国的国宝,它曾经多次出国担任友好使者,为发展对外友好关系做出了不可磨灭的贡献。20 世纪 50 年代,我们国家开始推行"熊猫外交",以政府和人民的名义将大熊猫作为国礼,赠给那些与中国保持良好关系,以及中国希望与之建立友好关系的国家或地区,先后有苏联、朝鲜、美国、英国、法国、德国、日本、西班牙等多个国家接受过来自中国的熊猫"特使"。

图 7-28　卡通熊猫

在野兽的世界中，每天的生活也不都是弱肉强食，一些动物与动物之间和谐共处的温馨画面每天都在上演，甚至有一些高大威猛的野兽与娇小柔弱的异种动物相互合作得异常愉快。例如犀牛是一种性情暴躁的动物，发起牛脾气来，连大象也要退避三舍，可是它却有个形影不离的好朋友，那就是犀牛鸟。它们之间有着"深厚的友情"，犀牛鸟经常帮助犀牛清理身上的寄生虫、吸血虫等。同时，犀牛的视觉不佳，当犀牛鸟发现敌人时，这只灵活的小鸟就会飞上飞下，并发出尖锐的叫声，向它的好朋友报警，让它做好安全戒备。另外还有乌鸦和狼、牙签鸟与鳄鱼等，它们之间看似毫无干系，但动物界的自然法则却让它们相互合作，相互依赖。

图 7-29 犀牛和犀牛鸟

在世界各地的原始文明中，由于原始民族对大自然的崇拜，一些强大的野兽一直被视作保护神或祖先，产生了具有象征意义的图腾。比如熊是英勇健壮的俄罗斯人的图腾、狮子是中世纪英国皇家威力的象征等等。

我国古代图腾甚多，狼、虎、豹、鹰、牛等都曾是某一部落的象征，例如在《列子·黄帝》中记载："黄帝与炎帝战于阪泉之野，帅熊、罴、狼、豹、貙、虎为前驱，雕、鹖、鹰、鸢为旗帜。"可见当时许多猛兽已经成为部落的代名词。值得一提的是，对龙的崇拜在中国历史上是一种绵延了数千年的文化现象。虽然龙不是真实存在的一种猛兽，但它的形象涵盖了多种动物，"角似鹿、头似驼、眼似兔、项似蛇、腹似蜃、鳞似鱼、爪似鹰、掌似虎、耳似牛"等等，同样也展现了猛兽的外形，具有非凡的能力，成为中华民族的崇拜对象和象征，由此还衍生出"龙凤呈祥""龙马精神"等美好的寓意。

图 7-30　熊的象征

图 7-31　皇帝的龙袍

图 7-32　宠物小仓鼠

家有伙伴——宠物之萌

在小朋友的世界里，宠物是能够和自己亲密玩耍的伙伴；在大人的世界里，宠物是永远不会背弃自己的忠实朋友；在宠物的世界里，那个与它朝夕共处的人就是它的全世界。

谈到宠物，我们通常指的是猫、狗、鸟、鱼、兔子、仓鼠等等可爱的动物们，这些动物不仅长相讨喜，头脑也比较发达，容易和人产生交流。也许在不久的将来，宠物的定义会冲破动物的限定，人工智能机器宠物也会走进我们的生活。

宠物的毛色有纯白、纯黑、棕色、淡奶酪色、深金黄、金红色等等，由各种颜色混搭组成的花纹也各不相同，这也是识别每一种宠物的主要标志，需要我们细心观察。例如哈士奇的毛发一般以背黑腹白为主，抑或有灰色，其眼睛周围会有一圈深色的斑纹，给整个白色的面孔添上一种诙谐的感觉。

更让人们着迷的是大多数宠物拥有的柔软毛发。每当人们抚摸小猫那如同流云浮沙般柔软的皮毛时，再烦躁的心情也能平静下来。仔细看软毛下面包裹着的浑圆猫掌，弹性十足，甚是可爱。

图 7-33　小猫咪

七　海阔凭鱼跃，天高任鸟飞　　133

图 7-34　大丹犬和茶杯犬

　　宠物以其独特的形体吸引着我们，例如特别大型的大丹犬，可达一米多高，长得好似小牛一般威风凛凛，给人一种踏实的安全感，而特别小的茶杯犬，则让人疼爱有加。目前已知世界最高大的狗"大乔治"是一只友好的大丹犬，从脚趾到肩部，高度为 109 厘米，站立高度则可以达到 220 厘米，体重 111 公斤。而最小的茶杯犬竟然能装进杯子里。还有浑圆娇小的小仓鼠、长耳短腿的小兔子等等，它们的身形千差万别却带给主人不同的惊喜。许多小宠物的生理结构、形体姿态都符合对称、比例、均衡等形式美的法则。例如猫咪随意摆出的一个姿势，就刚巧是完美的斐波纳契螺旋线，颇具艺术气息。

图 7-35　猫咪与斐波纳契螺旋线的完美结合

江山如画——自然美

我们常说"动物是人类的朋友"，宠物更是生活中的亲密伙伴，你若孤独，它陪伴你；你若悲伤，它陪伴你；你若欣喜，它陪伴你。总之，你若不离它，它定不弃你。即使我们不能确定宠物们是否真的能够通过表情表达出内心的感情，但看着它们在门口等待"家人"回来时的急切，在你不开心时跑过来逗你笑的殷勤，都让我们确定宠物对"家人"的感情是真实存在的。

图 7-36　小朋友与宠物狗

在人类发展的漫长岁月里，宠物不仅陪伴我们成长，也能成为生活的助手，帮助一些患有精神疾病的人们渡过难关，甚至是在危机的时刻挽救人类的生命。宠物俨然成为人类不可或缺的挚友，如果有一天我们找到了适合生存的新星球，宠物一定会和我们一起登上宇宙飞船，去迎接未知的新生活。

图 7-37　小狗在主人的怀里安睡

七　海阔凭鱼跃，天高任鸟飞

图7-38 多么可爱的猫咪，你愿意把它领养回家吗？

"以领养代替购买"是近些年被很多人认可并推广的一种养宠理念，这个理念的核心是通过领养的方式，给被公益组织收容的宠物提供一个家。因为无人认领，每年都有上百万只动物被安乐死，所以以领养代替购买，就是在挽救无数个可爱的生命。

136 江山如画——自然美

一旦选择了与宠物为伴，就要对自己所做的决定负责、对可爱的宠物们负责。经常会有新闻报道，宠物在某个与主人走失的地点，日复一日地苦苦等待，就像是电影《忠犬八公物语》里面的那只狗一样。所以我们如果成为宠物的主人，也应该像宠物对待我们一样，善待它们，不离不弃。

　　能够成为宠物的动物们是幸运的，至少它们有人保护，有人悉心照料。然而在地球上，却有许多动物因为人类的捕杀而灭绝，永远都无法再看见它们活泼可爱的样子。所以，我们在爱护自己宠物宝贝的同时，也要爱护同我们一起生活在地球家园的其他动物，共同营造一个和谐美满的大家庭。

图7-39　默默地守候

七　海阔凭鱼跃，天高任鸟飞

3　自然美的体验与创造

审美体验

　　我们在用相机记录和表现动物的神态美时，可以将焦点集中到动物的眼睛上，打开这扇"心灵的窗户"去发现动物之美。动物用它们独特的眼睛打量着世界，比如山羊的瞳孔是左右宽、上下扁，宛若或竖立或横置的宝石。变色龙的眼睛拥有锥形结构，而每个锥形结构可以独自旋转，因此变色龙可以同时看方向完全不同的两个独立物体，特别擅长捕捉正在飞的昆虫。还有一些动物的眼睛甚至能调节瞳孔，昼夜皆明。和我们人一样，动物的眼神中也传达着讯息，也许是不经意间的一个眼神，早已流露出它们内心的情绪。

图 7-40　你从动物的眼神中读到了什么？

审美创造

我们每个人都是自然界中的一员，都是千姿百态的生命。我们不能独自生存在这个世界上，总会有一些其他生命形式的小伙伴们和我们相随一生，人与自然和谐相处，共同温暖这最美丽的星球。而我们最常见的动物伙伴莫过于宠物了。

你的家里有宠物吗？如果在家中陪伴你的是一只憨厚可爱的小狗，你可以用彩纸剪出一些图案，再用胶水粘起来，变成一顶帽子或者一条项链，用来装饰自己和你的小狗。

如果你家里养有一只猫咪，你可以为它拍一部简短的纪录片，用一整天的时间拍摄它的生活轨迹。要知道，猫咪一天的时间至少相当于人的两个星期。你可以在家中的某个角落放置一台摄影设备，捕捉猫咪出现在镜头中的瞬间；也可以远距离使用摄像机跟随拍摄，不过要注意尽量不要让它感觉到你的存在，这样才能用镜头还原它真实的生活。

没有宠物也没关系，快动身和家人们一起去动物园吧！那里的动物远不止书上的这些，去找一找书中没有的小动物，拍照记录下它们长什么样子。回来与小伙伴们分享，看看谁找到了其他人都没有找到的小动物。

图 7-41 动物伙伴

七 海阔凭鱼跃，天高任鸟飞

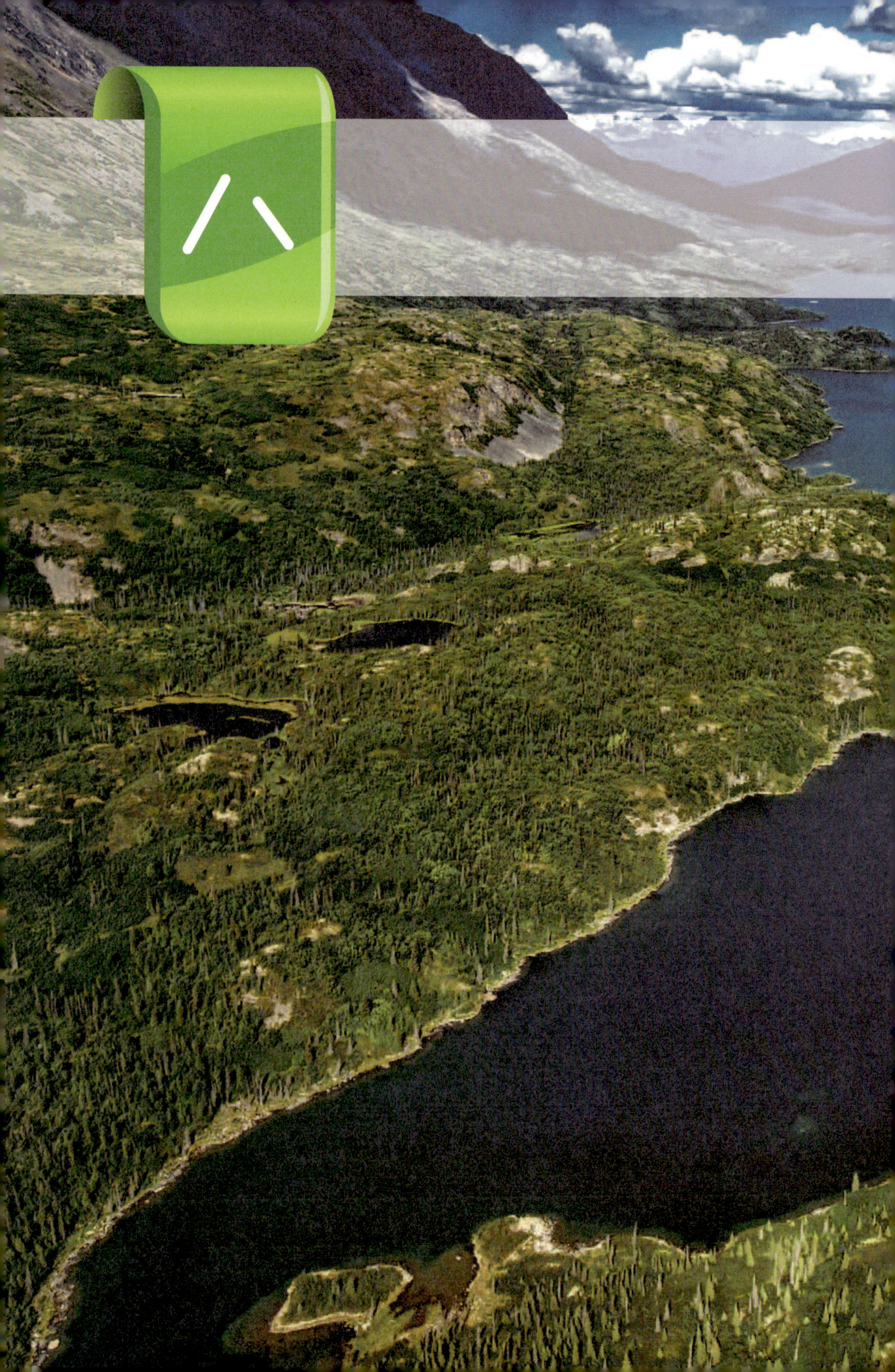
八

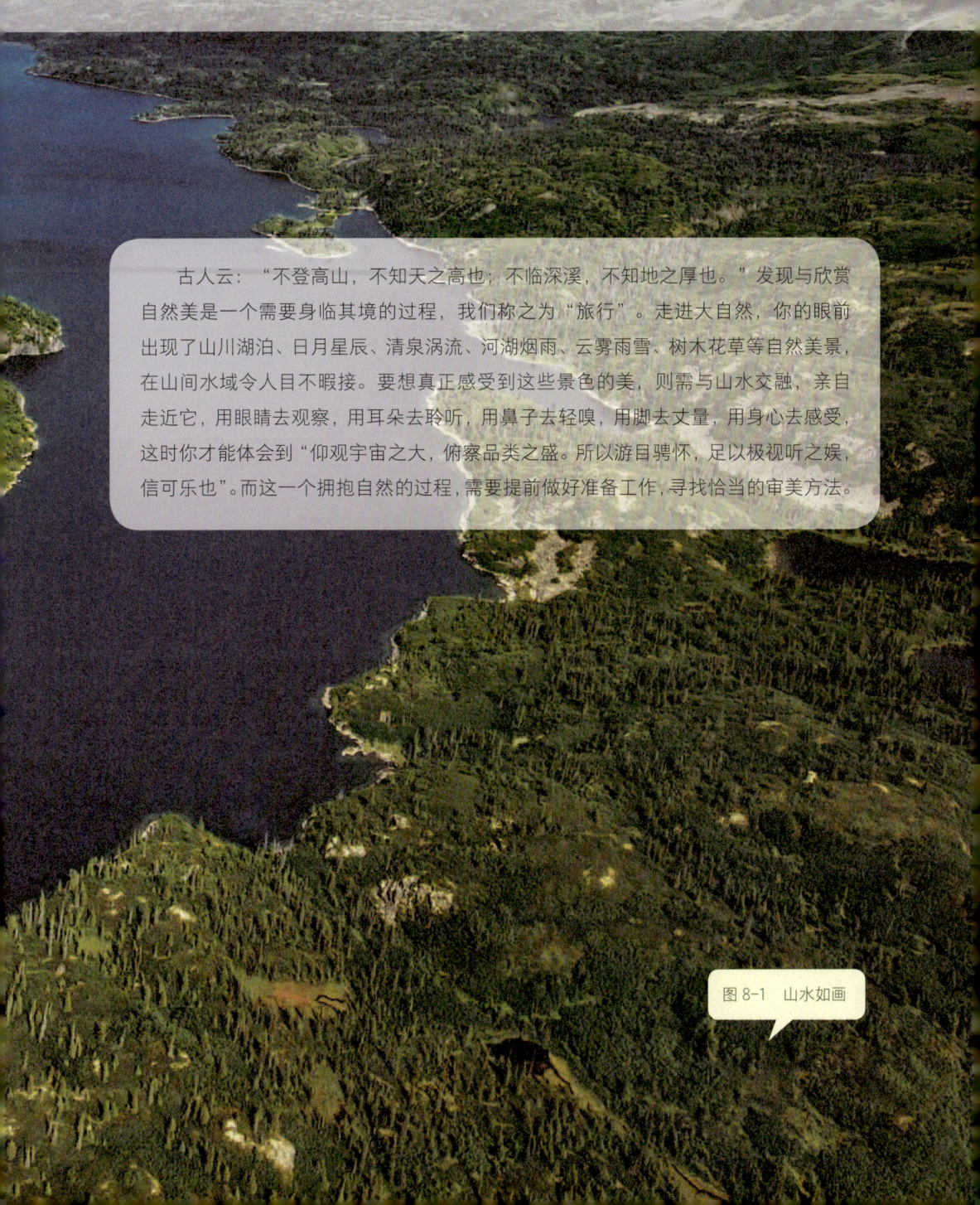

看山如观画，游山如读史
——自然美之旅

古人云："不登高山，不知天之高也；不临深溪，不知地之厚也。"发现与欣赏自然美是一个需要身临其境的过程，我们称之为"旅行"。走进大自然，你的眼前出现了山川湖泊、日月星辰、清泉涡流、河湖烟雨、云雾雨雪、树木花草等自然美景，在山间水域令人目不暇接。要想真正感受到这些景色的美，则需与山水交融，亲自走近它，用眼睛去观察，用耳朵去聆听，用鼻子去轻嗅，用脚去丈量，用身心去感受，这时你才能体会到"仰观宇宙之大，俯察品类之盛。所以游目骋怀，足以极视听之娱，信可乐也"。而这一个拥抱自然的过程，需要提前做好准备工作，寻找恰当的审美方法。

图 8-1 山水如画

1 在旅行中体验自然美，你准备好了吗？

古有孔子的"仁者乐山，智者乐水"，司马迁周游全国以丰富《史记》，徐霞客更是游遍全国，写下了具有科学、历史和文化价值的《徐霞客游记》。我国古代的"游学"传统，一方面是基于"行万里路，读万卷书，方知天下事"的认识，还有基于"游山如读史"的事实。在诗词歌赋中，自然景观是名士们观赏、吟咏、寄情、言志与畅神的对象。但旅行途中如果没有对自然美的观赏、感受和体验，只是从一个地方走到另一个地方，拿着相机草草拍摄，这不是真正走进了大自然。欣赏自然美景需要以自由的心态，摒弃尘世的喧嚣和烦扰，摆脱束缚和羁绊，获得心灵的解放和愉悦，这是人生不可缺少的审美活动和人生经历。

虽然说自然的美美在形式，能以其自然属性的形式和感性特征直接引起人们的美感，但人具有个体差异性，不同的人观看同一风景，注意到的角度和重点也会不同，感受到的意象与心境也会不同。如月光皎洁、群星闪烁、麦浪滚滚、红梅傲雪，都是以形式和色彩引起人们的审美感受，但是从内容方面看，为什么美，则是非常隐约和模糊。所以体验自然、欣赏自然还需要方法，下面我们就来看看一场自然的旅行需要做些什么准备吧！

图 8-2　勇攀雪峰

行前准备

图 8-3 制订旅行计划

　　一场自然美之旅能够成功进行包括了出发前的准备、旅途中的欣赏和旅行结束后的归纳与保存。

　　在出发之前，首先要制订出行计划，确定目的地，选择乘坐的交通工具，根据天气、景点特征合理安排游玩时间，根据沿途景点设计游玩顺序和景点选择，避开危险地带。提前进行住宿和餐饮安排，考虑安全问题和当地的特色推荐。携带日常用品，如果出国观光，要提前办好护照、签证，兑换外币。最好做一张表格，把地点、时间、景点、交通工具、宾馆、餐饮等各项信息列进去，以便随时查看，不遗漏重要信息。

　　"自助旅行"的方式使亲近自然、自由自在的旅行得到全新的诠释。自己可以决定到哪里去寻找风景，可以为等候日出停留，可以为一曲鸟鸣伫立，无忧无虑地贴近自然，何其自在！而如果是参加旅行团，跟着导游的小旗子，在规定的时间被牵引着走马观花匆匆而过，哪有闲情逸致去寻找最美的风景，去尝试新的欣赏角度，去聆听大自然的乐章呢？

图 8-4 和同伴们一起自助游

八　看山如观画，游山如读史　143

旅行途中与自然相亲

图 8-5 正在嬉戏的兔子

要想真正在悦山乐水的旅行中感受审美趣味，达到人与自然、人与心灵的对话，就需要提高审美鉴赏能力，灵活运用旅游资料、审美知识和审美技能来欣赏沿途风光，发现自然美和记录自然美。

在欣赏不同的景物类型时应该有所侧重，动物主要赏其体态、皮毛、声音、动作；植物主要赏其形状、色彩、味道、活力。云雾雨雪、山川河流、宇宙星辰主要看其静态的画面与动态的运动之美。同时，自然景观的各审美要素并不是孤立存在的，而是有机综合的。有人说"山是风景的骨骼，水是风景的血液，植被是风景的肌肤，文化是风景的灵魂"，这就需要我们既区别对待又要综合欣赏。

图 8-6 树木繁茂，乱石嶙峋

图 8-7　近看桃花

　　在本书"什么是自然美"这一专题中，已经介绍了一些欣赏自然美的方法，例如欣赏特定时间和季节才会出现的景色时，要把握好时机；还要把握好欣赏的距离，想要池中观鱼、园中观花、亲近动物，就不宜远观，想要看连绵的群山、一望无际的湖泊、大江奔流之势、白云飘逸之趣，就不宜近察，因为远观适合体验景观整体美，近看则适合观察局部细致美；选择欣赏的角度也非常有讲究，从不同角度欣赏可以产生不同的审美感受，仰视可见雄伟高峻之美，平视可感广阔辽远之美，俯视则是看纵深之美，等等。

　　这些都是在旅行途中非常实用的欣赏方法，对我们获得更好的旅行体验有很大的帮助。但是如何才能将这些知识运用到旅行途中呢？这需要我们在长期的旅行实践中，时常提醒自己灵活选择各种各样的欣赏方法，最终将这些知识转化成自己的丰富经验。

图 8-8　平视湖水静谧，远眺雪山连绵，仰视白云悠悠

八　看山如观画，游山如读史

珍藏自然美

图 8-9　旅途中记录自然美

　　一个旅行者还要善于捕捉美，带上相机和纸笔，靠着丰富的想象力和创作精神，用相机拍下一幅幅动人的照片，用文字记录一路的见闻与感想，用艺术表达自然给予的灵感。所以在旅途结束时，为了保存这份美好的回忆，就需要将记录的自然美和感受归纳整理，以不同的方式呈现和保存，这也是将自然美向艺术美转化的过程。当你再次看到这些作品，回忆这次旅途时，还能在字里行间感受到当时的憧憬与激动。

图 8-10　珍藏照片

图 8-11　秀丽山河中的蜿蜒公路

2　一起旅行吧！

接下来我们就一起去看看祖国壮丽的山河吧！约上亲朋好友，保持轻松愉快的心情，选择自助旅游的方式，向着大自然奔去。

著名的自驾旅游线川藏线，分为川藏北线和南线，北线的沿途风光侧重人文景观，南线主要以自然风光见长。所以，我们选择川藏南线作为旅游线路。在时间上最好避开7、8、9月的雨季，最佳季节在5~6月或10月。由于穿越的线路大部分地区为原始状态，很少有人类活动的足迹，而且高原天气变幻莫测，自古就有"一天有四季，十里不同天"的说法，早晚温差大，还有极强的紫外线、难以忍耐的高原反应，所以一定要带上厚实的衣物和预防高原反应的药物，预防紫外线，注意驾车安全。

从成都出发，经过雨城雅安，沿秀美青衣江直至二郎山，历阴阳两重天后到达川西最大最深的大渡河谷，驱车翻越折多山，走进川藏线南北分叉路口，眼前出现是摄影家们的天堂——新都桥，秀美的川西平原风光一览无遗，小桥、流水、人家相协，此时此刻，不禁要举起相机，留住这光与影的世界。

从世界第一高城理塘往西走，公路沿弯曲的无量河谷上行，不一会儿眼前便豁然开朗，辽阔的毛娅草原呈现在眼前。欣赏草原需要调动视觉、听觉、嗅觉和触觉来全面感受，主要赏其大而绿的特征，远看旷野无边，花与草的色彩对比，近闻植物特有的清香，感受风吹草动、飞禽走兽在其中的动静结合之美。平视如海的草原，深深浅浅的绿色在草地上延绵起伏，只一眼"便觉眼前生意满，东风吹水绿参差"。远眺绿草连天，风拂葱茏现牛羊，还有长腿的丹顶鹤、矫捷的羚羊、笨拙的黄鸭等野生动物混杂其中。近距离感受草原就需要走进草原，踩在厚实的青草上，长长的叶片温柔地划过衣物，静谧的草原无声地包容着人类的喧嚣。风吹草动的声音混杂着穿过草原中部的无量河流淌的潺潺流水声，越发显得草原旷远、幽静。抬头望去，四面高山环绕，草原躺在群山的环抱之中，依山而存，像起伏山峦间的一个歇脚处。往南望去，益母贡呷雪山的山顶积雪皑皑，与蓝天上自在漂浮的云朵交相呼应。沉默的青山、安静的雪峰、飘动的白云，起伏的草原与偶尔的动物鸣叫，给人一种立体多面的美。

图 8-12 骏马在无量河边悠闲进食

图 8-13 草原上青草离离，河流潺潺

图 8-14　宁静的湖面——西藏羊卓雍湖

绕过美丽的香格里拉—稻城亚丁，美丽的四神山还在眼前，马上又看到波光潋滟的姊妹湖、挺拔的梅里雪山……从邦达出来翻越海拔 4658 米的业拉山，刚下山就看到了鼎鼎有名的怒江七十二弯，此时惊于弯道险阻，须得慢慢行驶。随后我们来到了天堂的泪水——然乌湖。

然乌湖是从天空中滑落在人间的泪水，充满了安静与柔情。欣赏然乌湖从它的静美形象出发，欣赏湖光倒影所展现的色彩美以及冷暖色的对比与协调之美，这个时候还需联系神话传说和科学知识，来进一步领悟然乌湖的美。传说湖里有头水牛，湖岸有头黄牛，它们互相较量角力，死后化为大山，两山相夹的便是然乌湖。但实际上然乌湖只是在喜马拉雅山、念青唐古拉山和横断山的对撞运动下形成的堰塞湖。近观然乌湖湖水清澈恬静，水面光滑如镜，宝石蓝的天空和白云倒映在水面，柔柔地在水里招摇。偶有三两只孤鸟掠过水面，留下圈圈涟漪和清脆的歌声，动静结合中，更体现湖水的幽静。站在湖边眺望四周，远处山腰上是莽莽的林海，随着山势递增，植被也换了样，再往上则是终年不化的雪山和晶莹剔透的冰川。放眼望去，整个然乌湖周边的青峰连绵起伏。

八　看山如观画，游山如读史

图 8-15 然乌湖在晨光中格外秀丽

　　远处公路大桥是俯视然乌湖全景的绝佳观赏点。群山绿影环抱之中的然乌湖显得格外静谧而妩媚，明镜般的碧蓝湖面倒映着草地、山林及白雪皑皑的雪峰，色彩斑斓，还真是"群峰倒影山浮水，无山无水不入神"。风景在不同的时间还有不同的姿态，晨起看日出，傍晚看日落，夜半看星辰，然乌湖也不例外。站在距离然乌湖较远的一个半岛上欣赏然乌湖晨景：仰视湖西南的岗日嘎布雪山映射出金色的光芒，所有的山峦峰顶都抹上了蜜色；俯视湖面的色温随着微风、彩云、雪山上的反光一波一波不断地变化着，碧蓝青绿雪白红，五颜六色，美得不可方物。何不躺在湖边，试一试枕着湖水声睡觉是怎样一种感觉呢？

来古冰川为一组冰川群的统称，包括美西、亚隆、若骄、东嘎、雄加和牛马冰川。眼望着遥远的冰川，沿着然乌湖行走，一路上路过美丽的湖泊与宏伟的雪峰，当然也少不了乱石嶙峋，不怕艰难寻找心目中的美景，是我们都需要的精神。欣赏冰川，不但要在路途中用身体感受它冰冷的寒意，还需要观看冰川的形态、色彩、沟壑纵横、连绵之势，感受静态的纯净之美和奥秘之美。走近冰川，透澈的冰块仿佛能留下人们的影像。平视前方，层层叠叠的冰川年轮平整地铺在冰层上，层次分明。俯视冰川的断裂带，长长的纵深纵横交错，断裂的冰川露出深深的沟壑，令人不禁猜想下面是否有着冰雪女王的宫殿？仰视形成于岗日嘎布山东端长达12千米的雅隆冰川，极为宏伟壮观，它从海拔6000多米的主峰，一直延伸到海拔4000米左右的来古冰川湖边。规模巨大的冰川层层叠叠，由山顶绵延至湖边，形成壮观的冰川瀑布，明明是静止的形态却让人觉得在呼啸着流动。冰川的末端与冰湖之间，断裂的冰川露出十数米高蓝幽幽的冰层，阳光照耀下冰川呈现美丽的蓝色，仿如一块块巨型蓝宝石。站在这海拔3800多米的高原冰川上，身处寒峭的环境，浮躁的心立刻沉静下来，内心所有的世俗烦恼仿佛顷刻都被冰冷的晶莹剔透洗涤殆尽。

图 8-16　冰川中的教堂

图 8-17　直刺天空的长矛——南迦巴瓦

　　经过灵魂的洗礼后，我们紧接着走向另外一个令人震撼的美景奇观。

　　南迦巴瓦峰是喜马拉雅山脉东端的一座难以攀登的高峰，它的雄壮、险峻是人们欣赏的主要特点，需保持适当远的距离。仰观其形态，不只主峰峰角尖锐，直指天地，就连旁边的卫峰也是个个棱角尖锐，宛如森严阵列，所以南迦巴瓦的藏语直译过来称其为"直刺天空的长矛"。南迦巴瓦峰巨大的三角形峰体终年积雪，云雾缭绕，从不轻易露出真面目。而相传很久以前，上天派哥哥南迦巴瓦和弟弟加拉白垒镇守东南，哥哥因嫉妒弟弟而将其杀害。上天为惩罚南迦巴瓦，罚他永远驻守雅鲁藏布江边，陪伴被他杀害的弟弟。南迦巴瓦则大概自知罪孽深重，所以常年用云遮雾罩山体不让外人一窥，也有了"羞女峰"的别称。

图 8-18　云雾笼山尖

南迦巴瓦峰的高大还体现在其高度上，其相对高度接近7000米！这骇人的高度比珠穆朗玛峰不超过3600米的相对高度更让人惊艳，恐怕这世上所有山峰的"高大"与南迦巴瓦峰的"高大"相比，都逊色太多。印度洋吹来的暖湿气流翻越不过巍峨的南迦巴瓦峰，于是在南迦巴瓦峰低海拔的山坡南麓堆积，形成了赤道周边才有的热带雨林。山脚下是热带雨林，山峰上是冰天雪地，其间过渡着地球所有的自然带，色彩斑斓，景观丰富，是一座难得的自然宝库。于是人们称其"一座山，就是从赤道到两极"。联系起与珠穆朗玛峰高度的对比、改变气候带的能力和这神秘的传说，仰视南迦巴瓦峰直入云端的巍峨挺拔，你心中是否觉得南迦巴瓦峰更加神圣和庄严，更加难以超越？

仰视南迦巴瓦峰山顶，只觉"四时光皎洁，万古势龙从。绝顶星河转，危巅日月通。寒威千里望，玉立雪山崇"。俯视其脚下的雅鲁藏布江峡谷只觉突兀幽深，地势险峻，可谓俯仰之间都能感受到大自然神奇的造物能力。

图 8-19　林芝雅鲁藏布江

雅鲁藏布江大峡谷夹在海拔 7000 多米的南迦巴瓦峰和加拉白垒峰之间，具有高、壮、深、润、幽、长、险、低、奇、秀等特征。峡谷平均深度 5000 米，其中最深处是 5382 米，是世界上海拔最高的峡谷，也是世界上最深和最长的峡谷，堪称世界峡谷之最。雅鲁藏布江在东喜马拉雅山脉层间，由东西方向突然南折，沿东喜马拉雅山脉的斜面夺路而下，注入印度洋，形成世界上最为奇特的马蹄形的大拐弯。同时大峡谷十分险峻，怪石突兀，激流咆哮，人烟稀少，环境幽静，加上大峡谷云遮雾罩、神秘莫测，至今无人全程徒步穿越峡谷。遥望雅鲁藏布江大峡谷，蜿蜒曲折，陡峭幽深，像亿万卷图书，层层叠叠堆放在一起，随着大峡谷的迂回盘曲，酷似在大地上飘动的纽带。高峰与深谷咫尺为邻，七八千米的强烈地形反差，构成了堪称世界第一的壮丽景观。因为雅鲁藏布大峡谷的深邃，所以南迦巴瓦峰如此高大；也因为南迦巴瓦峰的高大，所以雅鲁藏布大峡谷才如此深邃。人说"看山水底山更佳"，高山与峡谷也是绝妙的搭配，这难道不是景物相互联系、衬托的绝佳例子吗？

继续前行，你还能看到鲁朗林海、巴松措湖、珠穆朗玛峰、纳木错……所有的见闻与美景都将与你同行。一次出发，一次旅行，一次审美，便是一次心灵的解放，是一次学习的旅途，它将让你更热爱大自然，生活更加愉快。

图 8-20 雅鲁藏布江的马蹄形大转弯

图 8-21 户外踏青

　　回到家时，将美保存起来。可以用画笔，画出一幅山水画；可以用照片，定格那些美丽的瞬间；可以创作一首诗，抒发咏叹的赞美；可以写一首歌，歌唱壮丽的山河；可以写一篇文章，记录旅途动人的点滴；可以捡回一片树叶，纪念美好的时光……这时可别忘了与朋友分享，与自己沟通，随时准备好再一次前行。

图 8-22 我的足迹

八　看山如观画，游山如读史　　155

3　自然美的体验与创造

审美体验

中国古代文人喜欢寄情于山水，并将自己的所见所感写成文章，这何尝不是对自然美的一种表现和加工呢？著名诗人王安石写《游褒禅山记》、柳宗元留下《小石潭记》、徐霞客则留下其30余年旅行的成果——《徐霞客游记》。徐霞客先后游历了大半个中国，足迹遍布华东、华北、中南、西南，踏遍泰山、普陀山、天台山、雁荡山等名山；游尽太湖、闽江、黄河、洱海等胜水。在漫长的旅途当中，徐霞客为了考察得准确、细致，大都步行前进。披星戴月、风餐露宿，对于所遇的险阻，他都以顽强的斗志去克服，而且无论身体多么疲惫、条件多么恶劣，他都每天坚持写日记。这些旅游日记记录了他的旅途经历、考察的情况以及心得体会，给后人留下了宝贵的地理材料。他的日记中多写景记事，写景状物，词汇丰富，敏于创制，并注重抒情，寓情于景，情景交融，同时注意表现人的主观感觉，具有很高的艺术性和审美价值。

徐霞客（1587—1641），名弘祖，字振之，号霞客，江阴人。明代地理学家、旅行家和文学家，一生志在四方，足迹遍及今21个省、市、自治区，"达人所之未达，探人所之未知"，经30余年考察撰成的60万字地理名著《徐霞客游记》，记录观察到的各种现象、人文、地理、动植物等状况，被称为"千古奇人"。《徐霞客游记》开篇之日（5月19日）被定为中国旅游日。

游天台山日记

[明] 徐霞客

自奉化来，虽越岭数重，皆循山麓；至此迂回临陟，俱在山脊；而雨后新霁，泉声山色，往复创变，翠丛中山鹃映发，令人攀历忘苦。……岭旁多短松，老干屈曲，根叶苍秀，俱吾阊门盆中物也。又三十余里，抵弥陀庵。上下高岭，深山荒寂，恐藏虎，故草木俱焚去。泉轰风动，路绝旅人。庵在万山坳中，路荒且长，适当其半，可饭可宿。……

审美创造

现在，你是不是很期待去看看大自然的壮观和瑰丽呢？利用周末或假期，去大自然中洗涤心灵，放松心情，去感受无处不在的美吧！请小朋友和爸爸妈妈一起制订一份欣赏自然美的家庭旅行计划吧，带上相机和纸笔，随时记录美丽的事物和你的所感所想。最后制作一份图文并茂的游记，让这次旅途的欢乐和途中的美景一直留在最美丽的瞬间，让长大之后的你，还能看着这份游记回忆美景，感受家庭旅行中的感动与快乐！

八　看山如观画，游山如读史

后　记

感谢赵伶俐教授提供的理论支撑和悉心指导，感谢每一位编写者的认真撰写，感谢每一位读者的耐心阅读和批评指正。

我们每一个人对于大自然来说都是极其渺小的、脆弱的，也是短暂的，即使穷尽一生，也难到达世界的每一个角落。但我们可以怀抱着一颗爱美之心，追求美的踪迹，体验美的感受，收获美的真理。为了实现这个愿望，我们将美学的原理融入青少年易于接受的语言之中，逐层揭开自然美的神秘面纱，让他们因欣赏自然美而热爱自然美，因热爱自然美而保护自然美，这也是本书的特别目的。

编写组成员在编写的过程中反复梳理逻辑框架，并广泛查阅资料，仔细斟酌筛选，力求给读者带来身临其境欣赏自然美的感受。为了更好地完成此书，特将编写工作具体分为以下几个部分：赵伶俐教授负责统筹全书、规划总体结构、指导具体内容编写，以及修改校订工作；林笑夷负责撰写话题一、话题二、话题五和统稿工作；孙怡负责撰写话题三、话题六和话题八；叶泽洲负责撰写话题四和话题七。

最后，特别感谢 Pixabay 和 Pexels 两个网站提供可供免费使用的精美图片，因为这些精美的图片，丰富和提升了本书的阅读体验。

本书编写组

参考书目

[1] 杜卫等. 心性美学——中国现代美学与儒家心性之学关系研究 [M]. 北京：人民出版社，2015.

[2] 叶朗. 美学原理 [M]. 北京：北京大学出版社，2009.

[3] 叶朗. 中国美学史大纲 [M]. 上海：上海人民出版社，2014.

[4] 朱光潜. 谈美 [M]. 北京：中国青年出版社，2012.

[5] 宗白华. 美学散步 [M]. 上海：上海人民出版社，2015.

[6] 李峰. 美学概论 [M]. 北京：中国农业出版社，2017.

[7] 王柯平. 旅游美学论要 [M]. 北京：北京大学出版社，2015.

[8] 吴攀升，等. 旅游美学 [M]. 杭州：浙江大学出版社，2006.

[9] 彭明福，朱云才. 实用美学与审美鉴赏（第2版） [M]. 重庆：重庆大学出版社，2015.

[10] 墨刻编辑部. 全球最美的自然景观 [M]. 北京：人民邮电出版社，2012.

[11] 舒盈. 世界科学探索大全集 [M]. 北京：高等教育出版社，2010.

[12] 李铁军. 生命之美：显微摄影写意集 [M] 北京：人民军医出版社，2014.

[13] 庄志民. 旅游美学新编 [M]. 上海：格致出版社，上海人民出版社，2011.

[14] 刘伉，李志华. 全球最美的自然景观 [M]. 北京：中信出版社，2016.

[15] [英] 马克·加利克. 中国国家地理少儿百科·宇宙 [M]. 张博，译. 北京：中信出版社，2016.

[16] 《图说天下·国家地理系列》编委会. 全球最美的100个地方 [M]. 北京：北京联合出版公司，2012.

[17] 《图说天下·国家地理系列》编委会. 中国最美的100个地方 [M]. 北京：北京联合出版公司，2012.